小木曽 弘尚 著

くろぺん先生
とっておきの
局面語り

叱るより
ここ一番で
効くお話

明治図書

はじめに

　「お話」「トーク」「語り」などと聞いて，みなさんはどんな話を思い浮かべますか？　思い浮かべてから続きをお読みください。

　私は，次の2種類の語りがあると考えます。
　1つ目は，「定石語り」です。
　これは，事前に準備された教師の語りの引き出しから繰り出される語りを指します。
　学級開きにはこの語り，思いやりの心を育てるためにはこの語り，道徳科の授業の説話にはこの語り…といった具合に。
　もちろん，定石であっても聞き手である目の前の子どもたちの実態に合わせて話すことは必要不可欠です。その中で，話し手である私たちがそれぞれ主体的に語りの内容を吟味し，アレンジし，熱をもって語ることで，初めて定石語りは子どもの心に響く話となります。そんな定石語りを，私はこれまで「とっておきの話」「とっておきの語り」と名付けて実践してきました。
　2つ目は，「局面語り」です。
　これは「定石語り」と違い，教師が出合う学級経営上の局面に合わせて臨機応変に繰り出される語りを指します。
　姿勢の悪い子がいたらこの語り，廊下を走る子がいたらこの語り，あいさつをしない子がいたらこの語り…といった具合に。

　どちらも大切な語りですが，教育書として紹介される語り本には，圧倒的に前者が多いようです。冒頭の問いに対して，みなさんが思い浮かべた話もきっと「定石語り」だったことでしょう。しかし，「定石語り」だけでは学級経営が上手くいかない局面は山ほどあります。

これまで私は「定石語り」である「とっておきの話」を600話近く創り、様々な著書でその引き出しを紹介してきました。そんな私も，実は事前に準備していない語りをしていることの方が多いのです。600話分の引き出しを探しても見つからない，「局面語り」を毎日のように目の前の子どもたちへと繰り出していました。

　教師歴10年を迎える目前，事前に準備された「定石語り」の引き出しだけに頼るのではなく，目の前の子どもたちの様子や変化を敏感に捉え，臨機応変に語る「局面語り」こそ，学級経営上とても重要なのではないかと思うようになりました。

　本書では，55の局面に対しての語りを「ここ一番で効くお話」として収録しています。私がもしこんな局面に出合ったら繰り出すであろう，または実際に繰り出した臨機応変な語りの引き出しです。読者のみなさんには，本書のページをめくる度に掲載されている語りと比べて「この局面，自分だったらどう語るか」を常に考えていただきます。いざ同じような局面に出合った時に，目の前の子どもたちの実態に合わせて臨機応変に語りを繰り出す力を，本書を相棒に鍛えていきませんか？

　教師の語る力の新しい世界の旅へとお出かけください。
　まずは次ページの本書の使い方からご覧ください。グッドラック！

著者　小木曽　弘尚（くろぺん）

本書の使い方

　第１章では、「ここ一番で効くお話」と名付けた「局面語り」の理論的背景と実践する上での留意点について書いています。ここでの理論的背景を踏まえ、第２章からのお話原稿の見開きページを構成しています。また、実践する上では必ず留意点をご確認いただいてから実践することをお勧めします。実践の本来の目的を見失わず、教育的効果を高めることが期待できます。

　第２章〜第６章では、「ここ一番で効くお話」の原稿を各章約11話ずつ、合計55話を掲載しています。見開きページを以下のように４つの構成要素に分け、読者のみなさんにとって再現性の高い本を目指しています。

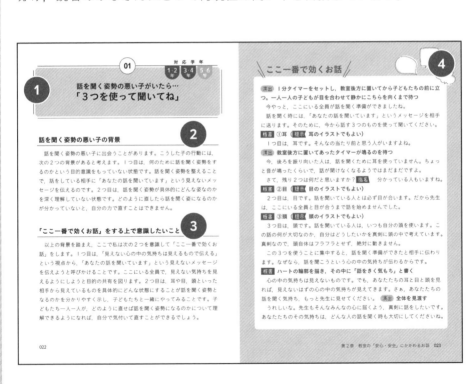

❶ タイトル，シチュエーション，対応学年

語りのタイトルや「○○な子がいたら…」といったシチュエーション，対応学年について明記しています。「うちのクラスにもこんな子がいる！」と共感するシチュエーションや対応学年からもお話原稿を選べます。

❷ 生徒指導対象となる子の考えられる行動背景

語りをする上で必ず踏まえておきたい生徒指導対象となる子の考えられる行動背景について整理しています。表出されている行動そのものだけでなく，ぜひ背景についても一緒に考えてみてください。

❸ 「ここ一番で効くお話」をする上で意識したいこと

❷の行動背景を踏まえて何を意識した語りを行うのかについて整理しています。意識すべきことさえ外さなければ，「ここ一番で効くお話」の原稿をあなたなりにアレンジすることもできるはずです。

❹ お話原稿

たたき台となる「ここ一番で効くお話」の原稿を載せています。文中のマークは，次のような指示言葉としてお読みください。

提示 写真やイラストなどを見せる	**挙手** 子どもに挙手を促す
板書 黒板に言葉を書く	**演出** みんなでやってみる
指名 子どもの意見を聞く	**斉読** みんなで一斉に読む

CONTENTS

はじめに　　　002

本書の使い方　　004

第1章

とっさのこんな時，叱るより
「局面語り」―お話―を効果的に活用するポイント

01 「局面語り」―お話―で得られる教育的効果 ……………… 014

02 「局面語り」―お話―を行う時の留意点 ……………… 019

第2章

教室の「安心・安全」にかかわるお話

01 話を聞く姿勢の悪い子がいたら…
「3つを使って聞いてね」 ……………………………… 022

02 正しく椅子に座れない子がいたら…
「シートベルトができるかな？」 ……………………… 024

03 廊下を走る子がいたら…
「目線カメラで確認してみよう」 ……………………… 026

04 言葉遣いが悪い子がいたら…
「言葉は見た目をこえていく」 ………………………… 028

05 友達への注意の仕方がキツイ子がいたら…
「注目できる言葉のシャワーをかけてあげて」 ……… 030

06 やり返していいと思っている子がいたら…
「やり返したところで変わらないこと」 ……………… 032

07 トラブルの解決が下手な子がいたら…
「仲直りの方法には順番がある」 ……………………… 034

08 陰口を言う子や陰口を伝える子がいたら…
「悪い種まきをするな」 ………………………………… 036

09 通学団トラブルの多い子がいたら…
「安全で，安心な通学団」 ……………………………… 038

10 リーダーや代表に選ばれたのにやる気のない子がいたら…
「まずはあなたがナンバーナインになろう」 ………… 040

11 教室に生き物を持ち込んでくる子がいたら…
「命に大きさはない」 …………………………………… 042

第3章

教室の「ルール」にかかわるお話

12 チャイム前着席ができない子がいたら…
「授業を始めるのは誰ですか？」 046

13 授業中おしゃべりをする子がいたら…
「今しかできないおしゃべりをしよう」 048

14 授業中トイレに行く子がいたら…
「あなたのトイレタイムは何時何分？」 050

15 発言する子の方を向いて聞けない子がいたら…
「勇気100％にしてあげて」 052

16 すぐ先生に質問しにくる子がいたら…
「自分なりの答え合わせを」 054

17 すぐに席替えしたいと言う子がいたら…
「立ち歩く席替えをしよう」 056

18 運動場で砂いじりをする子がいたら…
「次のお楽しみ会は…」 058

19 タブレットの使い方が悪い子がいたら…
「タブレットに使われているよ」 060

20 道幅いっぱいに広がる子がいたら…
「足跡の向きと目線」 062

21 式や集会の参加態度が悪い子がいたら…
「学校全体がチームプレーする場」 064

22 お金のトラブルが多い子がいたら…
「あなたのお金は誰のものでもない」 066

23 かかとを踏んでいる子がいたら…
「２つの命を踏みつぶさないで」 068

第4章

教室の「整理整頓」にかかわるお話

24 靴をそろえられない子がいたら…
「心をそろえる場所」 ················· 072

25 ごみをまたぐ，拾わない子がいたら…
「はっけんのプロになろう」 ················· 074

26 落とし物や失くし物が多い子がいたら…
「物にあいさつ」 ················· 076

27 物に名前を書かない子がいたら…
「『あなた』というおうち」 ················· 078

28 机に落書きをする子がいたら…
「あなたの机ではありません」 ················· 080

29 机と椅子をそろえられない子がいたら…
「あなたの心の姿」 ················· 082

30 机の上に物を置いたまま移動する子がいたら…
「片付けるのは机の上だけ？」 ················· 084

31 机の中が汚い子がいたら…
「ドラえもんごっこをしよう」 ················· 086

32 服装が乱れている子がいたら…
「服はおしゃれではなく，おしゃべり」 ················· 088

33 忘れ物を繰り返す子がいたら…
「忘れごとにはしない」 ················· 090

第 5 章

学校の「生活習慣」にかかわるお話

(34) あいさつができない子がいたら…
「あめはすき・だ」 ………………………………………… 094

(35) 気を付けの姿勢ができない子がいたら…
「気持ちを付ける」 ………………………………………… 096

(36) ハンカチで手を拭かない子がいたら…
「一番きれいな手でいられる方法」 …………………… 098

(37) 指示されたことしかできない子がいたら…
「次，先生はみんなに何と言うでしょう？」 ………… 100

(38) 野次馬根性が働く子がいたら…
「野次馬っ子は，おやじ馬」 …………………………… 102

(39) 行事にやる気のない子がいたら…
「3つの体験を味わえる」 ………………………………… 104

(40) 必要以上に緊張している子がいたら…
「どうしよう？より，どうなる？」 …………………… 106

(41) 敬語が使えない子がいたら…
「先生は最高の練習相手」 ……………………………… 108

(42) 歌を真剣に歌わない子がいたら…
「心の音叉で共鳴しよう」 ……………………………… 110

(43) 給食中の食事マナーが悪い子がいたら…
「一緒に食べたい人は，一緒にいたい人」 …………… 112

(44) 体調管理が苦手な子がいたら…
「自分説明書をつくろう」 ……………………………… 114

第6章

子どもの「学習」にかかわるお話

45 テストの点数に一喜一憂する子がいたら…
「本当のテストの結果」 ……………………………………………… 118

46 感想や振り返りを1行で提出する子がいたら…
「頭の中の海にもぐろう」 …………………………………………… 120

47 ノートの使い方が悪い子がいたら…
「本棚に入るノートに」 ……………………………………………… 122

48 勉強が嫌いな子がいたら…
「勉強の意味」 ………………………………………………………… 124

49 先生によって授業態度を変える子がいたら…
「自分次第で授業は楽しめる」 ……………………………………… 126

50 挙手をしたのに当ててくれないと文句を言う子がいたら…
「言えなくてもできること」 ………………………………………… 128

51 ペアやグループになるのが苦手な子がいたら…
「ぬいぐるみとお話」 ………………………………………………… 130

52 挙手や発言ができない子がいたら…
「全員発言はしなくてもいい」 ……………………………………… 132

53 授業の事前準備ができない子がいたら…
「一緒にお出かけしよう」 …………………………………………… 134

54 ペースがゆっくりの子がいたら…
「次のバス停までには間に合ってね」 ……………………………… 136

55 自習に集中できない子がいたら…
「学生ですから」 ……………………………………………………… 138

おわりに　　　140

第1章

とっさのこんな時，叱るより「局面語り」―お話―を効果的に活用するポイント

　局面語りの実践を積み重ねる前に，まずは理論的背景を確認していきましょう。実践するにあたって意識したい語りの教育的効果について触れています。ねらいが明確な語りほど，「ここ一番で効くお話」となるでしょう。

01

「局面語り」―お話―で得られる教育的効果

「局面語り」の定義と４つの教育的効果

　「局面語り」とは，教師が事前に準備した話ではなく，学校生活上見かける問題場面を踏まえて臨機応変に内容を構成し，全体の場で語る話を指します。ここでは，生徒指導面，言葉かけとの関連，問題所有概念，学級崩壊の未然防止，指導における教師の潜在的影響力などの視点から，先行研究を整理しながら「局面語り」の教育的効果を次の４つにまとめています。

---

(1) 課題予防的生徒指導として機能する
(2) 細かな実態把握や肯定的な言葉かけで信頼関係を深める
(3) 学級崩壊の未然防止となる教授行為につながる
(4) 「自信」「一貫性」を示す潜在的影響力を発揮できる

効果 (1) 課題予防的生徒指導として機能する

　2022年に改訂がなされた文部科学省『生徒指導提要（改訂版）』では，「①発達支持的生徒指導」「②課題予防的生徒指導」「③困難課題対応的生徒指導」を生徒指導の３類として挙げています（次ページの図を参照）。この中でも「局面語り」は，②の課題予防的生徒指導として機能する生徒指導行為にあたると言えます。課題予防的生徒指導とは，全ての児童生徒を対象とした課題の未然防止教育と，課題の前兆行動が見られる一部の児童生徒を対象とした課題の早期発見と対応を含む生徒指導のことを指します。生徒指導上

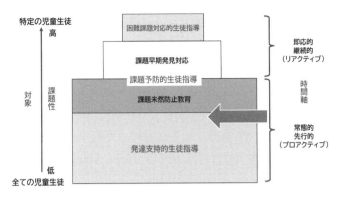

図2 生徒指導の重層的支援構造

文部科学省（2022）『生徒指導提要（改訂版）』p.19図より（＊図中の矢印は筆者）

の課題発見時に、一部の児童生徒への生徒指導だけでなく、全ての児童生徒を対象とした未然防止教育へとつなげていくために、個々への言葉かけだけでなく、全体への語りかけが重要ではないでしょうか。「局面語り」によって、課題の前兆行動が見られる一部の児童生徒の反省を促すだけでなく、全体に道徳的価値を広げ、複数の目で予防する態度を養うチャンスとなります。

効果 (2) 細かな実態把握や肯定的な言葉かけで信頼関係を深める

　課題予防的生徒指導につなげるためには、子どもの実態把握が特に重要となります。実態は常に流動的に変化していきます。だからこそ、実態を細かく把握し、臨機応変に指導する力が求められています。その中で近年注目を集めているのが教師の言葉かけについての研究です。これらの研究結果からは、教師の語りにつながる側面もいくつか見られます。西口（2000）は、場面のコンテクスト（＝子どもの実態　と筆者は捉えます）が、教師集団が実践する言葉かけに、内容の限定や方向づけを与えていることを示しています。その中で、教師の実践活動の教育的効果を理解するためには、教師と児童との相互作用の背景にあるコンテクスト要因を踏まえることが重要であるとしています。「局面語り」の実践は、指導内容の限定や方向づけを与える場面

のコンテクストを一度全体で整理することができます。つまり，落ち着いて細かく実態把握をし，指導の内容や方法を柔軟に考えることができる効果があると言えます。西口（2003）は，小学校高学年の児童が，学校の問題場面において，教師にいかなる言葉かけを求める傾向にあるかを検討しています。この研究では，励ましや忠告・意見（〜するとプラスだよ型），婉曲的な指示（質問をして促す型）などの「助言」という群に位置づけられる言葉かけを児童は求める傾向にあると示しています。こうした言葉かけは，全体への語りの中でも行えるとも言えます。「局面語り」は，ただ叱責したり，説教したりする話とは違い，子どもたちの今後の行動改善につながるような「助言」群の言葉かけを多く含んだ話です。個々への言葉かけだけでなく，全体への語りかけも行うことで，全ての児童を対象にした「助言」群の言葉かけとなるのです。それは肯定的な言葉かけの集合体とも言え，教師が子どもとの信頼関係を深める効果があると言えます。

効果（3）学級崩壊の未然防止となる教授行為につながる

　田中・奥住（2020）は，指導困難な学級の状況に影響を及ぼしていると考えられる学級担任の発言や行動をリストアップし，「①否定的なかかわり」「②消極的なかかわり」「③極端に制限された自由度」「④不十分な学習指導」の4つのカテゴリに分類しています。その中でも，次ページの表にまとめたかかわりは「局面語り」の実践において改善のきっかけになると言えます。

　田中・奥住は，学習指導・生徒指導を中心とした学校生活の場面において「①肯定的なかかわり」「②積極的なかかわり」「③適度な自由度の保障」「④授業力の向上」の4点に重点を置いた教授行為を行うことこそが指導困難な状況を改善したり予防したりすると示唆しています。「局面語り」は，問題発生後すぐに行われるものではなく，状況を細かく確認した上で行われる肯定的なかかわりと言えます。その語りをきっかけとして，個々への積極的なかかわりによる指導も行います。また，語りの中で必ず子どもたちに考える

指導困難学級に影響を及ぼしていると考えられる学級担任の発言や行動

①否定的なかかわり➡肯定的なかかわりが効果的

問題発生後に否定的な注意，状況をよく確認せずに否定する，問題発生後の指導が大声で恐い，常に否定的な言葉かけ，下学年に対するような言葉かけをする

②消極的なかかわり➡積極的なかかわりが効果的

危険行為をする子どもに指導しない，児童の人権にかかわる否定的な発言への指導がない，授業と違うことをしていても注意しない，自由に子どもたちがしゃべっていても指導なし，授業規律を指導しない等

③極端に制限された自由度➡適度な自由度の保障が効果的

指示は具体だが厳格すぎる，教えすぎていて子どもたちの考える時間がほとんどない，児童の話を聞かずに教師の価値観だけを話して説諭する

④不十分な学習指導➡授業力の向上が効果的

生徒指導上の問題解決に授業の冒頭をつかい開始が遅れる，問題発生後の指導の話が長い

時間を設けるため，子どもたちにとって適度な自由度の保障もされています。さらに，長くても５分ほどの短時間でまとめて語るため，生徒指導上の問題解決に多くの時間を割いて不十分な学習指導につながることも防ぎ，授業力の向上につなげます。したがって，「局面語り」は，学級崩壊の未然防止となる教授行為につながるという点からも効果があると言えます。

効果（4）「自信」「一貫性」を示す潜在的影響力を発揮できる

　三島・小野瀬（2018）によると，小学校学級担任経験のある教師10名に対して行った調査結果から，学級集団全体への指導行動に対しては潜在的影響力「自信」「一貫性」「受容」「公平性」「親近・明朗性」「授業力」「威圧感」「自然体」「正当性」の９つが大きく影響していると示しています。その中で，個別指導時の児童個人への指導行動（言葉かけ等）に対しては「受容」「親近・明朗性」が大きく影響していた一方で，学級集団の中にいる児童個人に

対する指導行動には「自信」「一貫性」の２つが潜在的影響力として大きく影響していると示しています。「局面語り」は，児童個人に対する「受容」「親近・明朗性」を踏まえながら話を構成し，全体に向けて語りながらも，当該児童個人に対しても「自信」「一貫性」といった潜在的影響力を発揮できる実践であると言えます。つまり，個々の子どもたちの行動を受け止め，寄り添いながら全体の話を構成し，語り聞かせることで，子どもたち一人一人に自信をもたせ，指導の一貫性を保つ効果があると言えます。

【参考文献】

- 文部科学省（2022）『生徒指導提要（改訂版）』
- Gordon,T. Burch,N.（1974）T.E.T., Teacher Effectiveness Training. New York: P.H.Wyden.（トマス・ゴードン著，奥沢良雄・市川千秋・近藤千恵共訳（1985）『T.E.T. 教師学』小学館）
- 西口利文（2000）「学校場面における教師の心理的要因と児童への言葉かけとの関連」名古屋大学大学院教育発達科学研究科紀要－心理発達科学－，47,117-138
- 西口利文（2003）「問題場面で児童が教師に求める言葉かけ─小学校高学年児童からの検討─」研究助成論文集（明治安田こころの健康財団），39,53-62
- 角昌平・井上弥（2018）「他者存在が児童の教師の言葉かけの認知に及ぼす影響」日本教育心理学会第60回総会発表論文集，PB70,267
- 田中亮・奥住秀之（2020）「小学校・指導困難学級の学級経営から見た教師論に関する一考察」東京学芸大学紀要 総合教育科学系，71: 315-323
- 三島美砂・小野瀬雅人（2018）「学級担任教師の学級集団，児童個人への影響プロセス仮説モデルの検討─学級担任教師の語りに着目して─」応用教育心理学研究　第35巻　第１号（通巻第49号）３～16頁

02

「局面語り」―お話―を行う時の
留意点

留意点（1）個別の言葉かけとセットで行う

　「局面語り」は，指導対象となる子どもへの個別の言葉かけとセットで行われるものです。事前に個別指導した上で全体の語りへとつなげてもよいですし，語りをきっかけにして事後の個別の言葉かけへとつなげてもよいです。このように，個別の言葉かけと全体への語りを組み合わせる順序は目の前の子どもたちの実態に合わせて柔軟に変えていくものです。

　しかし，全体の語りの中でも特に「局面語り」の実践をする際には，個別の言葉かけを絶対に欠かしてはいけません。ここを欠かしてしまうと，本来の目的であった生徒指導を怠っているのと同じです。「局面語り」は，あくまでも生徒指導において補助的な役割を担うものであり，長期的に見て未然防止教育へとつなげていくものです。「局面語り」さえすれば問題はすぐに解決すると思うのは大間違いです。

　では，個別にどのような言葉かけをしたらよいのか。そのヒントは，本書に掲載されているお話の中から探してみてください。前項で紹介したように，「局面語り」は，個別の言葉かけの集合体とも言えます。お話の原稿からぴったりくる言葉を引用してもよいでしょう。

　また，先人たちの言葉かけに関する書籍や研究からも，あなたが目の前にしている子どもたちの実態に合う個別の言葉かけの仕方がきっと見つかるはずです。本書をきっかけにして，全体の語りだけでなく，個別の言葉かけについても一緒に考えてみませんか。

第1章　とっさのこんな時，叱るより「局面語り」―お話―を効果的に活用するポイント　019

留意点 (2) 傷付く子が誰もいない語りを行う

　「局面語り」は，教師が問題と捉える個々の子どもの行動をもとに話を構成します。しかし，表出されている行動のみに目を向けて全体に語ると，逆に当該児童の心を深く傷付ける危険性もあります。どのような背景でその行動が表出されているのか，お話原稿の見開きの左側のページを見ながら照らし合わせてみてください。個々の子どもの行動背景を深く理解した上で，全体の場で語ってください。そうすることで，傷付く子が誰もいない語りを行うことができます。良かれと思って「局面語り」をした結果，逆に傷付いてしまう子が出ないためにも，まずは個々の子どもの行動背景を理解することに注力してください。実態把握を細やかに行えば行うほど，「局面語り」の効果も飛躍的に上がっていきます。

　「局面語り」の原稿を創る際には，言葉の端々に気を配らなければなりません。「この言葉を全体の場で発したら，もしかして○○さんは傷付くのではないか…」と常に意識しながら，贈るべき言葉を吟味します。そうして残された言葉をつないでお話にしていくのです。だから「局面語り」は，個別の言葉かけの集合体と言えるのです。本書に掲載されているお話原稿は，あくまでも一例を紹介しているだけです。原稿をそのまま読み聞かせればそれですぐに効果があるものではありません。子どもたちに語る前に，必ずご自身で何度も読み返し，本当にこのまま自分が目の前にしている子どもたちに語っていいのだろうかと検討してください。その中で修正すべき点があれば修正してお話原稿を再構成してください。むしろ修正されることが前提で本書に掲載しています。

　本書は，「局面語り」のお手本ではなく，たたき台のお話集です。あなたが目の前にしている子どもたちのためにも，あなた自身の考えで思う存分たたいてください。たたき上げられたお話原稿こそ，あなただけのとっておきの「局面語り」と言えます。

第 2 章

教室の「安心・安全」にかかわるお話

　安全についての語りは最優先と言えるでしょう。心も体も安全が確保されていなければ，子どもたちの健全な成長はあり得ません。生徒指導上でも，まずは子どもたちの心理的安全性を高める語りを繰り出したいです。

01

対 応 学 年

1・2年　3・4年　5・6年

話を聞く姿勢の悪い子がいたら…
「3つを使って聞いてね」

話を聞く姿勢の悪い子の背景

　話を聞く姿勢の悪い子に出会うことがあります。こうした子の行動には，次の2つの背景があると考えます。1つ目は，何のために話を聞く姿勢をするのかという目的意識をもっていない状態です。話を聞く姿勢を整えることで，話をしている相手に「あなたの話を聞いています」という見えないメッセージを伝えるのです。2つ目は，話を聞く姿勢が具体的にどんな姿なのかを深く理解していない状態です。どのように直したら話を聞く姿になるのかが分かっていないと，自分の力で直すことはできません。

「ここ一番で効くお話」をする上で意識したいこと

　以上の背景を踏まえ，ここで私は次の2つを意識して「ここ一番で効くお話」をします。1つ目は，「見えない心の中の気持ちは見えるもので伝える」という視点から，「あなたの話を聞いています」という見えないメッセージを伝えようと呼びかけることです。ここにいる全員で，見えない気持ちを見えるようにしようと目的の共有を図ります。2つ目は，耳や目，頭といった相手から見えているものを具体的にどんな状態にすることが話を聞く姿勢となるのかを分かりやすく示し，子どもたちと一緒にやってみることです。子どもたち一人一人が，どのように直せば話を聞く姿勢になるのかについて理解できるようになれば，自分で気付いて直すことができるでしょう。

ここ一番で効くお話

演出 1分タイマーをセットし，教室後方に置いてから子どもたちの前に立つ。一人一人の子どもが目を合わせて静かにこちらを向くまで待つ

　今やっと，ここにいる全員が話を聞く準備ができましたね。
　話を聞く時には，「あなたの話を聞いています」というメッセージを相手に送ります。そのために，今から話す3つのものを使って聞いてください。
板書 ①耳（**提示** 耳のイラストでもよい）
　1つ目は，耳です。そんなの当たり前と思う人がいますよね。
演出 教室後方に置いてあったタイマーが鳴るのを待つ
　今，後ろを振り向いた人は，話を聞くために耳を使っていません。ちょっと音が鳴ったくらいで，話が聞けなくなるようではまだまだですよ。
　さて，残り2つは何だと思いますか？ **指名** 分かっている人もいますね。
板書 ②目（**提示** 目のイラストでもよい）
　2つ目は，目です。話を聞いている人とは必ず目が合います。だから先生は，ここにいる全員と目が合うまで話を始めませんでした。
板書 ③頭（**提示** 頭のイラストでもよい）
　3つ目は，頭です。話を聞いている人は，いつも自分の頭を使います。この話の何が大切なのか，自分はどうしたいかを真剣に頭の中で考えています。真剣なので，頭自体はフラフラとせず，絶対に動きません。
　この3つを使うことに集中すると，話を聞く準備ができたと相手に伝わります。なぜなら，話を聞こうという心の中の気持ちが伝わるからです。
板書 ハートの輪郭を描き，その中に「話をきく気もち」と書く
　心の中の気持ちは見えないものです。でも，あなたたちの耳と目と頭を見れば，見えないはずの心の中の気持ちが見えてきます。さぁ，あなたたちの話を聞く気持ち，もっと先生に見せてください。 **演出** 全体を見渡す
　うれしいな。先生もそんなみんなの心に届くよう，真剣に話をしたいです。あなたたちのその気持ちは，どんな人の話を聞く時も大切にしてくださいね。

02

対応学年
1・2年　3・4年　5・6年

正しく椅子に座れない子がいたら…
「シートベルトができるかな？」

正しく椅子に座れない子の背景

　正しく椅子に座れない子に出会うことがあります。こうした子の行動には，次の２つの背景があると考えます。１つ目は，正しく椅子に座る状態を具体的にイメージできていないことです。はたから見ると椅子が曲がっていたり，猫背で座っていたりするのに，自分ではちゃんと座っているつもりの子もいます。そこで，口で伝えるだけでなく，視覚的支援も必要であると考えます。２つ目は，正しく椅子に座らないとどんなことが起きるのか分かっていないことです。自分の座りたいように座って，何が悪いのか理解できていないのです。自分にとっても周りの人たちにとっても良くないことを伝えたいです。

「ここ一番で効くお話」をする上で意識したいこと

　以上の背景を踏まえ，ここで私は次の２つを意識して「ここ一番で効くお話」をします。１つ目は，「グー・ピタ・ピン」を合言葉にして正しく椅子に座る状態を表したイラストの提示です。そして，さらに具体的なイメージができるように，シートベルトのイラストを提示し，「見えないシートベルトができるかどうか」を判断基準として正しく椅子に座るよう伝えます。２つ目は，椅子をバスの座席に見立て，正しく椅子に座れないと起こりうる「３つの事故」を提示することです。自分にとっても周りの人たちにとっても良くないことであると見通しをもって考えるきっかけとしたいです。

024

ここ一番で効くお話

|板書| **いいしせいですわる**

　良い姿勢で座っている時は，椅子の後ろに付いているシートベルトができる状態です。どういうことだか，今から言う3つを意識してみてください。

|提示| **グー・ピタ・ピンのイラスト**

　まずは手をグーにして，机とお腹の間が片手のグー1個分になるように，椅子を前や後ろに動かしてください。その後，両手を太ももの上に置きます。次に両足をピタッと床にくっつけます。くっつかない人は椅子の高さが高すぎる人です。後で先生が直しますね。最後に背中をピンッと伸ばします。天井に頭突きできるくらいまっすぐです。

|提示| **シートベルトのイラスト**

　グー・ピタ・ピンを意識して姿勢を正すと，見えないシートベルトができるようになります。それではみなさんも椅子の後ろから引っ張って…カチャッと，できるかな？　|演出| **子どもたちと一緒にジェスチャーをする**

|提示| **バスのイラスト**

　今みなさんは，〇〇の授業というバスに乗っているのです。そんな時に，椅子がまっすぐ前を向いておらず傾いていたり，椅子に座るあなたの姿勢が悪かったりすると，次の3つの事故につながります。

|提示| **①おちつかない　②あぶない　③じゅぎょうにならない**

　まず，あなたも周りの人も落ち着かないです。そして，けがをしそうで危ないです。そんな人が1人でもいると授業にならないから，先生は必ず直すように言います。バスの座席はまっすぐで傾いていませんよね。あなたたちが座る椅子も同じです。椅子はまっすぐ，傾けず，あなたたちはシートベルトができる姿勢でバスに乗ってください。では，バスが出発します。乗客のみなさん，準備はいいですか？

|演出| **全体を見渡す**　今日も安全運転で，授業を始めましょう。

	対 応 学 年		
03	1・2年	3・4年	5・6年

廊下を走る子がいたら…
「目線カメラで確認してみよう」

廊下を走る子の背景

　廊下を走る子に出会うことがあります。また，それが原因でトラブルや事故が起きることもあります。こうした子の行動には，次の２つの背景があると考えます。１つ目は，危機意識の欠如です。危ないと分かっているようで，実際は本当に危ないと意識できていない状態です。２つ目は，危険行為を客観的に捉えることが苦手な様子です。言われても実感が湧かない場合，「こんなに危ない行為なのだ」と客観的に捉え直す機会が必要になります。

「ここ一番で効くお話」をする上で意識したいこと

　以上の背景を踏まえ，ここで私は次の２つを意識して「ここ一番で効くお話」をします。１つ目は，「大けが」と「命」をキーワードにすることです。「大けが」の危険性は自分だけでなく，ぶつかった相手や周りの人たちにもあることを伝え，「命」を落とすことにもつながると真剣に伝えます。危機意識がもてるように，「大けが」よりも「命」を強調しながら語ります。２つ目は，実際に廊下を走っている人の目線カメラの映像の提示です。危険行為であることを客観的に捉え直せるよう，臨場感のある映像で視覚に訴えかけます。あえて「一度だけ見せます」と伝えることで，提示する映像への注目度を上げます。最後は「安全・安心」をキーワードに，廊下を走るとどうなるのかという見通しや当事者意識がもてるように話を締めくくります。

ここ一番で効くお話

　[提示] 廊下を走るイラスト

　これはやってよいことですか？　よいと思う人は手を挙げてください。[挙手] 誰もいませんね。なぜ廊下を走ってはいけないのか分かる人は教えてください。[指名]　そうですよね。みなさんは廊下を走ってはいけないことも，その理由も分かっているはずです。先生は分かりやすく理由を次の３つにまとめてみました。みんなで読んで確認してみましょう。

　[提示] [斉読]

> ①転んだ自分が，大けがをしてしまうから。
> ②ぶつかった子に，大けがをさせてしまうから。
> ③誰かが大けがをしそうで，周りの人たちが落ち着かなくなるから。

　それなのに，ついつい廊下を走ってしまう人がまだこの中にいます。先生はものすごく残念で心配です。なぜなら，走っている人や，その人とぶつかった人，落ち着かなくなった周りの人たちが，大けがどころか…

　[板書] 命（いのち）×

　命を落とすことにもなるかもしれないからです。そんな大げさな！なんて思った人もいるかもしれませんが，廊下を走るというのは命を落とすほど危ないことなのです。それを伝えるために，昨日みんなが下校した後，廊下に誰もいないことを確認し，先生はタブレットで撮影しながら廊下を全力で走ってみました。これは先生の目線カメラの映像です。よく見てください。

　[演出] 目線カメラの映像をスクリーンに大きく15秒ほど映し出す

　映像を見て，どう感じましたか？[指名]

　先生はここにいる誰もが安全で安心な学校生活を送ってほしいと思っています。全員起立。今までついつい走ってしまったことがある子も，そうでない子も，それぞれの命を守るために，廊下は絶対に走らないと自分の心に約束してから座りましょう。　[演出] 全員が座るまで真剣な目で見届ける

04 　　　　　　　　　対応学年 1・2年 3・4年 5・6年

言葉遣いが悪い子がいたら…
「言葉は見た目をこえていく」

言葉遣いが悪い子の背景

　言葉遣いが悪い子に出会うことがあります。こうした子の行動には，次の2つの背景があると考えます。1つ目は，言葉遣いが悪い自分を客観視できていない状態です。自分では何も悪いと感じていないからこそ，その様子を見る相手がどう思っているのか実感できる工夫が必要です。2つ目は，語彙が少ない状態です。特に自分の気持ちを表す言葉の引き出しが少ない子は，相手にとって不快な言葉で気持ちを表してしまう傾向にあります。「その時は，こうやって言えばいいんだよ」とSST（ソーシャルスキルトレーニング）等を活用し，場面ごとに指導する必要があります。

「ここ一番で効くお話」をする上で意識したいこと

　以上の背景を踏まえ，ここで私は次の2つを意識して「ここ一番で効くお話」をします。1つ目は，言葉遣いが悪いぬいぐるみの提示です。あえて見た目がかわいらしいぬいぐるみを使うことで，言葉遣いの悪さを際立たせています。こうすることで，自分の言葉遣いについて相手意識をもって振り返る良い機会となるのではないでしょうか。ここでは，「言葉は見た目をこえていく」というキーワードも併せて示すようにします。2つ目は，最後に相手を喜ばせる言葉遣いを促すことです。前向きな呼びかけをきっかけに，言葉の引き出しを増やすための具体的な指導（SST等）へとつなげます。

ここ一番で効くお話

⟨演出⟩ ぬいぐるみを子どもたちの目の前に置く(学級のマスコットキャラクターとして普段から使っているものがあればそれを使用する)

　今,このぬいぐるみを置いた瞬間,みなさんの目がパッと輝きました。それもそのはずですよね。見た目がとてもかわいらしいと先生も思います。
⟨提示⟩

　もしこの子がみんなと同じようにしゃべることができるなら,何としゃべってくれるのか聞いてみたい人は手を挙げてください。⟨挙手⟩
　では,実際にしゃべってもらいましょう。
⟨演出⟩ 事前に録音しておいた以下のセリフの音声をタブレットで流す
⟨提示⟩ 「おまえらこっちを見てくるんじゃねーよ！　きえろ！」
　あれ,さっきまで輝いていたみなさんの目が「えっ…」と驚いて嫌そうな表情になりましたね。どうしてそんな表情になったのか,説明できる人は教えてください。⟨指名⟩　なるほど。確かに嫌な言葉が並んでいますね。
⟨板書⟩ 言葉は見た目をこえていく
　みなさんで読みましょう。さん,はい。⟨斉読⟩ 言葉は見た目をこえていく。
　見た目がどんなにかわいらしいぬいぐるみも,こんな言葉遣いをしていたら嫌な気持ちになりますよね。これが繰り返されると,嫌いになりそうです。
　見た目はとても大事です。でも,それをこえてもっと大事なのは,言葉遣いなのです。見た目は素敵なのに,しゃべったら残念…なんて人にならないでください。相手を喜ばせる言葉が使えるように,これから先生やクラスの仲間たちと一緒に,言葉の引き出しを増やしていきましょう。

第2章　教室の「安心・安全」にかかわるお話　029

05	対 応 学 年

1・2年　3・4年　5・6年

友達への注意の仕方がキツイ子がいたら…
「注目できる言葉のシャワーをかけてあげて」

友達への注意の仕方がキツイ子の背景

　友達への注意の仕方がキツイ子に出会うことがあります。こうした子の行動には，次の２つの背景があると考えます。１つ目は，強い正義感から取り締まることが正しいと思い込んでいる状態です。注意とは本来，「気を付けること・気を配ること」や「用心すること」といった意味です。決して警察官のように悪を取り締まることではないのです。２つ目は，一生懸命が故に言葉がキツくなってしまう状態です。何度も注意しているのに聞いてくれないと言葉がキツくなるのは自然なことです。ただ，その場合よくあるのは言葉が同じままということです。言葉が同じ状態なのに，無理やり相手に言うことを聞かせようとするから思わずキツイ言い方へと変わってしまうのです。

「ここ一番で効くお話」をする上で意識したいこと

　以上の背景を踏まえ，ここで私は次の３つを意識して「ここ一番で効くお話」をします。１つ目は，注意はしなくてよいと明確に伝えることです。取り締まるための注意ではなく，優しく案内するような言葉をかけてあげ，注目すべきことに注目できるようにすることが大切です。２つ目は，自分がかけている言葉は必ず相手から跳ね返ってくるということを伝えることです。３つ目は，知らないうちに言葉がキツくなっていないか確認する意識を育てることです。今回はシャワーの水に喩えて語りを創ってみました。

ここ一番で効くお話

|板書| **注意（ちゅうい）**

　先ほど，友達に注意をしている子を見かけました。みなさんの中で，友達に注意をしたことがある人は手を挙げてください。|挙手|

　その中で，こんな人に出会ったことはありませんか。

|提示| **なんど注意（ちゅうい）をしても言うことを聞いてくれない人**

　あっ，うなずいている子もいますね。でもね，先生はこう思います。

|板書| **注意（ちゅうい）はせず，注目（ちゅうもく）をさせてあげて**

　そもそも，あなたたちは友達に注意をしなくていいのです。代わりに注目させてあげてください。それはまるで，迷子になった子を案内するように優しく「ここを見てね」と言葉をかけてあげるのです。「周りの人を見ているかな？」「黒板に書かれた言葉を見ているかな？」「教科書のページを開いて見ているかな？」優しく案内してあげれば，注意なんてしなくてもよいのです。

|提示| **シャワーを壁に向かって流しているイラスト**

　それでも言うことを聞いてくれない時，あなたはついついキツイ言葉を使ってしまうかもしれません。でもそれは，シャワーの水を壁に向かって強く流した時のように，必ずあなたに跳ね返ってきます。相手にかける言葉のシャワーの水の強さは，いつも気にしておきましょう。知らないうちに，言葉がキツくなっていませんか。

　あなたが優しく言葉のシャワーをかけてあげれば，言うことを聞かないその子も，いつもと違う動きをしてくれるかもしれません。どれだけ優しくかけても変わらないのなら，シャワーの水はいったん止めて，先生に相談してください。一緒にその子へのシャワーのかけ方を探っていきましょう。

対 応 学 年

06

1・2年　3・4年　5・6年

やり返していいと思っている子がいたら…
「やり返したところで変わらないこと」

やり返していいと思っている子の背景

　やり返していいと思っている子に出会うことがあります。こうした子の行動には，次の2つの背景があると考えます。1つ目は，やり返したところで根本的な問題解決には至らないと深く理解できておらず，短絡的なストレス解消のために手が出てしまう状態です。2つ目は，自分に嫌なことをしてくる相手を全面的に敵だと決めつけ，やり返す以外のかかわり方を意識できていない状態です。人に合う・合わないがあるのは当たり前です。自分にとって合わない人は敵として向き合うのではなく，仲間として上手く折り合いをつけるように考え方を転換させる必要があります。

「ここ一番で効くお話」をする上で意識したいこと

　以上の背景を踏まえ，ここで私は次の2つを意識して「ここ一番で効くお話」をします。1つ目は，やり返したところで変わらないと明示することです。まずはやり返したい気持ちに共感した上で，それでもやり返すことは良くないと伝えます。2つ目は，「敵ではなく，仲間」をキーワードに，自分にとって合わない人に対する考え方の転換を図ることです。現在子どもたちが通う学校の全校児童数（ここでは仮に600人としています）や一生のうちに出会う人の数を具体的な数字にして示すことで，「多くの人たちと上手くかかわることができるようになりたい」と思えるようにします。

ここ一番で効くお話

　嫌なことをしてきてムカつく相手に，自分もやり返したくなる時はありませんか？　思わずやり返したくなる人は正直に手を挙げてください。挙手

　なるほど。でもね，やり返したところで変わらないことが3つあります。

提示

①モヤモヤしている自分の気持ち　②嫌なことをしてくる相手の気持ち
③いつまでも解決しないトラブル

　やり返してしまった自分に，また心がモヤモヤするので，あなたの気持ちのモヤモヤはなくなりません。相手にとっても，やり返されたからまたあなたに嫌なことをしたくなるでしょう。結局お互いにずっとやり合うことになり，いつまでも解決しないトラブルとなります。

　変えられるのは1つだけ。落ち着いて自分の気持ちと向き合い，相手の気持ちに寄り添うあなたの行動です。自分たちでどうしても解決できない時には，すぐ先生に相談してください。その人とのかかわり方で自分に一番ぴったりの方法を，先生と一緒に考えていきましょう。

板書　敵ではなく，仲間

　どんなにムカつく相手も，倒すべき敵ではなく，同じ学校に通う仲間です。全員と友達にはなれませんが，上手く距離を置きながら，全員と仲間になることはできます。そのためには，相手の気持ちに寄り添うことがまず大切なのです。こんな数字があります。

提示　600（学校の全校児童数）　30000（一生で出会う人の数）

　この学校には，600人の仲間がいます。これは多いようで少ないのですよ。人が一生で出会う人の数は，この50倍の3万人と言われています。大人になって社会に出ると，もっといろいろな人がいるのです。毎日学校では，将来の自分のために，どんな人とも仲間として上手くかかわる練習をしていると思ってください。やり返す以外のかかわり方が必ずあるはずです。

	対 応 学 年
07	1・2年 3・4年 5・6年

トラブルの解決が下手な子がいたら…
「仲直りの方法には順番がある」

トラブルの解決が下手な子の背景

　トラブルの解決が下手な子に出会うことがあります。こうした子の行動には，次の２つの背景があると考えます。１つ目は，自分の気持ちを相手に伝えることを最優先にしてしまう状態です。さらに，ストレスによる興奮状態で自分の気持ちを一方的に相手へ伝えようとします。これでは相手も興奮状態となり，冷静にトラブル解決の手順を踏むことはできません。２つ目は，「トラブルの解決は先生がしてくれる」という当事者意識の低さです。解決に向けて自分たちは何も行動しないままなので，解決の仕方も上達しません。

「ここ一番で効くお話」をする上で意識したいこと

　以上の背景を踏まえ，ここで私は次の３つを意識して「ここ一番で効くお話」をします。１つ目は，「仲直りの方法には順番がある」と伝え，適切な順番について分かりやすく提示することです。順番が視覚化されることで，解決の見通しをもてるようにします。２つ目は，自分の気持ちを相手に伝える前にやるべき行動を強調して伝えることです。最優先にやるべきことは相手意識をもった行動であると考え方の転換を図ることです。３つ目は，自分たちで解決できるトラブルもあると伝えることです。「先生，解決してください」ではなく「先生，解決できました」と教えてくれる子が増えてほしいと語りかけ，当事者意識を高めます。

034

ここ一番で効くお話

[板書] 仲直り

みなさんはトラブルが起きた時の仲直りの方法を知っていますか？[指名]
なるほど。どれも仲直りできそうな方法ですね。今日はこんな話をします。

[板書] 仲直りの方法には☐がある

☐の中に入る言葉が分かる人？[挙手]　こんな言葉が入ります。

[板書] 仲直りの方法には順番がある

実際にどんな順番なのか，確認していきましょう。

[提示]
（　）自分の気持ちを相手に伝える
（　）先生に相談する
（　）相手からあやまってもらう
（　）自分から相手にあやまることがあったらあやまる
（　）相手の気持ちを聞く

次の5つはどんな順番でやれば上手く仲直りができるでしょうか。[指名]
なるほど。先生はこれなら上手く仲直りができると思います。

[提示]
（3）自分の気持ちを相手に伝える
（5）先生に相談する
（4）相手からあやまってもらう
（2）自分から相手にあやまることがあったらあやまる
（1）相手の気持ちを聞く

　自分から先に相手の気持ちを聞き，あやまることがあったら自分からあやまります。そんな人こそ，相手からも気持ちを聞いてもらえて，あやまってもらえます。それでも仲直りできない時は，先生に相談してください。この順番で仲直りしましょう。解決できた時も，できなかった時も，先生へその日のうちに教えてください。自分たちで解決できることを願っています。

08

対応学年
1・2年 3・4年 **5・6年**

陰口を言う子や陰口を伝える子がいたら…
「悪い種まきをするな」

陰口を言う子や陰口を伝える子の背景

　陰口を言う子や陰口を伝える子に出会うことがあります。こうした子の行動には，次の２つの背景があると考えます。１つ目は，見られているという意識の低さです。どんな場所であっても，陰口を繰り返しているとそれを見ている人がいると意識づける必要があります。２つ目は，陰口は人に聞こえないから悪い行動ではないと考えている状態です。こうした子には，自分の行動は悪い行動だったと振り返ることができるような視点の提示が必要です。

「ここ一番で効くお話」をする上で意識したいこと

　以上の背景を踏まえ，ここで私は次の３つを意識して「ここ一番で効くお話」をします。１つ目は，「行動は種まき」というキーワードの設定です。自分が日頃，良い種まきをしているのか，悪い種まきをしているのかを振り返ることができるようにします。２つ目は，「見えないところも見られている」という視点の提示です。陰口を伝える子の存在を逆手に取り，陰口を言う自分を見ている人はどんな場所にもいる根拠として活用します。３つ目は，「自分は自分を見ている」という視点の提示です。今まで自分がしてきた陰口を言う行動や陰口を伝える行動を俯瞰することで，考え方を転換できるようにします。最後に，自分の悪い行動を放っておく自分がいたら「自分に嘘をつくのと同じ」であると語りかけ，内省を促していきます。

036

ここ一番で効くお話

板書 行動は○まき

　○の中には何が入るか分かりますか？ **指名**

板書 行動は種まき

　あなたたちの行動一つ一つは，種まきなのです。種には，良い種と悪い種があります。あなたはどちらの種をたくさんまいている人でしょう？

提示 陰口を言う様子のイラスト

　これはどちらの種をまいていますか？ **指名**

　相手ときちんと向き合わず，見えないところで陰口を言うのは悪い種まきとなる行動です。悪い種は，人から見えないところほどよく育ちます。

提示 陰口を伝えている様子のイラスト

　こんな悪い種もあります。何をしているのか分かりますか？ **指名**

　これは，「あの子が，あなたのことを○○と言っていたよ」と陰口をわざわざ本人に伝えている行動を表したものです。陰口を言う人だけでなく，それを本人に伝える人も，悪い種まきをしているのですね。陰口を聞いて心配になったら，本人ではなく，まずは先生に教えてください。

板書 見えないところでも見られている

　ところで，どうして人から見えないところで言っていたはずの陰口をわざわざ本人に伝える人が出てくるのだと思いますか？　それは，見えないところでも見られているからです。その中で，自分の行動をいつも見続けている人がいます。その人は，良い種まきも悪い種まきも見ています。いったい誰のことでしょう？

板書 自分は自分を見ている

　それは…自分です。あなたの行動は，あなたがいつも見ているのです。悪いと分かっているのに種まきをする人は，自分に嘘をつくのと同じです。自分の心と正直に向き合い，良い種まきをしていきましょう。

09

対 応 学 年
1・2年 3・4年 5・6年

通学団トラブルの多い子がいたら…
「安全で，安心な通学団」

通学団トラブルの多い子の背景

　通学団トラブルの多い子に出会うことがあります。こうした子の行動には，次の2つの背景があると考えます。1つ目は，通学団で登下校する理由を自分事として説明できない状態です。「安全のため」といった身体的理由はすぐに思い付いても，「安心のため」といった精神的理由の視点が欠けている場合があります。同じ通学団の子の心の安全（＝安心）に目を向けることで，通学団トラブルは減っていくのではないでしょうか。2つ目は，通学団はただ固まって登下校するものだと勘違いしている状態です。そこで，1〜6年生までがみんなで助け合っている様子を自覚できる語りかけが必要です。

「ここ一番で効くお話」をする上で意識したいこと

　以上の背景を踏まえ，ここで私は次の2つを意識して「ここ一番で効くお話」をします。1つ目は，絶対に安全でないといけないものは体だけではないと伝えることです。それぞれの心も安全かどうかを確かめながら，みんなが安心して登下校できるように助け合う価値について伝えていきます。2つ目は，通学団は一人一人の助け合いの気持ちによって成り立つものであると明示することです。通学団の「団」の字に注目し，「団結＝助け合う」をキーワードにします。体も心も安全かどうかをお互いに確かめ合いながら，最後に一人一人が助け合える通学団を目指していくよう呼びかけます。

ここ一番で効くお話

[板書] 通学団

　何と読みますか？　さん，はい。[斉読] 通学団（つうがくだん）。
　みなさんはなぜ，通学団で登下校をしているのでしょう？ [指名]
　すぐに思い付く理由は，きっとこれではないですか。[板書] 安全　安全に登下校するためです。事故に遭わないため，不審者に襲われないためですね。[板書] 安全な体　どの子も安全な体で学校に来て，おうちに帰る。でも，理由はこれだけではありません。もう１つ，絶対に安全でないといけないものがあります。何でしょう？ [指名]　分かっている子もいますね。

[板書] 安全な心

　それは，安全な心です。せっかく通学団でまとまって安全な体でいようとしているのに，決められた班や並び順で並ばなかったり，同じ班の子とけんかしたりしてトラブルばかり起こしていると，自分だけでなく，周りの子たちも安全な心とは言えません。

[板書] 安心

　安心は安全な心と漢字で書きますよね。安全な心でない子がいないか，同じ班にいる１年生から６年生まで気にかけていきましょう。
　そうやって毎日みんなで安心できる登下校にもなるといいですね。

[提示]

　通学団の団は，団結の団です。１年生から６年生までが団結して，今日も誰もが安全な体，安全な心で登下校できるように助け合っていきましょう。

第２章　教室の「安心・安全」にかかわるお話　039

対応学年

10

| 1・2年 | 3・4年 | 5・6年 |

リーダーや代表に選ばれたのにやる気のない子がいたら…
「まずはあなたがナンバーナインになろう」

リーダーや代表に選ばれたのにやる気のない子の背景

　リーダーや代表に選ばれたのにやる気のない子に出会うことがあります。こうした子の行動には，次の２つの背景があると考えます。１つ目は，選ばれた自分だけががんばらないといけないと思い込んでいる状態です。リーダーシップだけでなく，フォロワーシップも発揮されて成り立つクラスの協力関係を感じられれば，リーダーや代表の仕事に安心して取り組むことができるでしょう。２つ目は，リーダーや代表に選ばれる過程に納得していない状態です。この場合，本人の意思を聞き取り，諦めずに継続して取り組む姿勢があるかを確認します。今回の語りでは，そのきっかけづくりをします。

「ここ一番で効くお話」をする上で意識したいこと

　以上の背景を踏まえ，ここで私は次の２つを意識して「ここ一番で効くお話」をします。１つ目は，みんなで力を合わせると大きな力を発揮できるイメージを公倍数で表現し，クラスで目指す協力関係を視覚化することです。具体的な数字で示されることによって，がんばるのは自分１人ではないと俯瞰することができるようにします。２つ目は，リーダーや代表の仕事をがんばる人を「ナンバーナイン」と名付け，クラスで目指す協力関係を成り立たせるために重要な存在であると伝えることです。リーダーや代表の仕事に諦めず継続して取り組もうとする意思が尊重される語りをします。

040

ここ一番で効くお話

板書 公倍数

　算数の授業で学習しましたね。例えば、3と4の最小公倍数は？ **指名** そう、12でしたね。3と4を掛け合わせると、12になります。

提示 協力の大きさ＝みんなで掛け合わせる数

　みんなで何かを協力する時、一人一人がどんな数を出して掛け合わせるかで、協力の大きさを表す公倍数が変わってきます。

提示 選ばれた人＝ナンバーナイン

　リーダーや代表に選ばれた人を、先生はかっこよく「ナンバーナイン」と呼んであげたいです。ナインは日本語にすると？ **指名** 　9ですね。掛け合わせることで、大きな公倍数を出せます。例えば3の力の人が4の力の人と全力で協力しても12ですが、9の力の人と全力で協力すると27になります。

提示 1×1×1×1×1×1×1×1×1×1＝1

　でも、9の力を出せる人だろうと期待されて選ばれたその人が、本当は出せる9の力を出さなかったら、何人いてもみんなで協力して出せる数はたったの1です。27にすらなりません。

提示 1×1×1×1×1×1×1×1×1×9＝9

　はじめはあなた1人が全力の9で、他のみんなはやる気のないこともあるかもしれません。どれだけ掛け合わせても9なので、あなたも諦めそうになるでしょう。それでも諦めず、9の力を出し続けてみてください。

提示 1×2×1×3×1×2×5×6×1×9＝3240

　周りの仲間たちも、だんだんと9の力を出せるようになっていきます。

提示 9×9×9×9×9×9×9×9×9×9＝3486784401

　どうですか？　このクラスには〇人いるので、もっともっと掛け合わせることができます。全員で協力したらとてつもなく大きな力を出せそうですね。
　みんなでナンバーナインになれるよう、まずはリーダーや代表に選ばれたあなたから、ナンバーナインになりませんか？

対応学年

11

1·2年 / **3·4年** / 5·6年

教室に生き物を持ち込んでくる子がいたら…
「命に大きさはない」

教室に生き物を持ち込んでくる子の背景

　教室に生き物を持ち込んでくる子に出会うことがあります。こうした子の行動には，次の2つの背景があると考えます。1つ目は，生き物をただの物だと捉えている状態です。自由に持ち込んできても何ら問題がないと思っています。2つ目は，生き物を飼うことの責任の重さを自覚していない状態です。どんなに小さな生き物でも，命を大切にする意識を高める必要があります。そのために，改めて生き物の命に向き合う語りを行うとよいでしょう。

「ここ一番で効くお話」をする上で意識したいこと

　以上の背景を踏まえ，ここで私は次の2つを意識して「ここ一番で効くお話」をします。1つ目は，命の大きさについて想像する場の設定です。配られた紙に，想像した命の大きさについて表現する演出を取り入れます。子どもたちが簡単に取り組めるように，丸を描いて表現するようにします。実際は命の大きさを正確に描くことはできません。それにより，「命に大きさなんてない」という言葉が実感を伴うキーワードとして伝わります。2つ目は，教室で生き物を飼うとしたら，その命に責任をもてるのか全員の子と確認することです。起立の数で確認し，全員が起立するまで待ちます。本当に全員が生き物の命と真剣に向き合えるのかを1人残らず見届ける教師の姿から，どの子も生き物を飼うことの責任の重さを自覚できるようにします。

ここ一番で効くお話

|板書| いきもの＝いきているもの

　生き物は，生きている物と書きます。生きているということは，何がありますか？ |指名|　ヒントはここです。|演出| 教師自身の心臓部分を指差す

|板書| いのち

　そう，命があります。では今から，真っ白な紙を配ります。

|演出| Ａ４の真っ白な紙を一人一人に配る

|板書| いのちの大きさ

　もし，あなたの命に大きさがあるとしたら，どれくらいだと思いますか？これは実際の心臓の大きさとは関係ありません。あなたが思う大きさで，その紙に１つ丸を描いて表してみてください。早く描けた子は，近くの席の子と大きさを比べて待っていましょう。どうぞ。

|演出| 机間指導をしながら一人一人の丸の大きさを確認する

　なるほど。自分の命の大きさは人それぞれ違うようですね。ではその紙を裏にして，今度はバッタやクワガタなどの虫の命の大きさを考え，１つ丸を描いて表してみてください。どうぞ。

|演出| 机間指導をしながら一人一人の丸の大きさを確認する

　なるほど。表と裏に描いた丸の大きさを自分で比べてごらん。自分たちと虫とで命の大きさが違う人もいました。でも，先生はこう思います。

|板書| いのちに大きさなんてない

　命に大きさなんてないのです。そんな小さな紙に表せられるわけがないほど，人も，虫も，生き物全てみんな大事なのですから。

　最近，外でつかまえた生き物を教室に持ち込んでくる子をよく見かけるようになりました。でも先生は，まだそれを許していません。なぜなら，今ここで全員と確認したかったからです。どの生き物の命も大事にできるという人は立ってください。|演出| 全員が立つまで待つ

　全員立ちましたね。その約束は絶対に破ってはいけませんよ。

第２章　教室の「安心・安全」にかかわるお話　043

第3章

教室の「ルール」にかかわるお話

　ルールについての語りは最重要と言えるでしょう。学級や授業は、みんなでルールを守るからこそ成り立つものです。それぞれのルールを守る意義について、子どもたち自身が深く考えられるような語りを繰り出したいです。

	対 応 学 年		

12

1·2年　3·4年　5·6年

チャイム前着席ができない子がいたら…
「授業を始めるのは誰ですか？」

チャイム前着席ができない子の背景

　「チャイム前着席」ができない子に出会うことがあります。こうした子の行動には，次の２つの背景があると考えます。１つ目は，授業は時間になったら勝手に始まるものだという受け身な姿勢からくる他人事な考え方です。２つ目は，「チャイム前着席」は何のためにするのかという目的を深く理解していない状態です。目的意識をもたず，自分が何もしなくても授業が進んでいく環境が子どもたちを「チャイム前着席」から遠ざけます。

「ここ一番で効くお話」をする上で意識したいこと

　以上の背景を踏まえ，ここで私は次の３つを意識して「ここ一番で効くお話」をします。１つ目は，授業は「始まる」のではなく，「始める」ものという視点の提示です。２つ目は，授業を始めるのは「先生」ではなく，「自分」だという視点の提示です。こうして「チャイム前着席」の先にある授業に対する子どもたちの考え方を，前向きで主体的なものへと転換します。３つ目は，自分で授業を始めるための具体的な行動の提示です。「チャイム前着席」後の行動の具体例から，「自分で落ち着いて授業を始めるために，チャイム前着席をする」という目的について深く理解できるようにします。このお話の後の授業中の教師の振る舞いも重要なのは言うまでもありません。「自分で授業を始めて良かった」と思える授業をしたいです。

046

ここ一番で効くお話

[板書] 授業　先ほど授業開始のチャイムが鳴りましたね。
[提示] はじまる　はじめる

　みなさんに聞きます。授業は，始まるものですか？　それとも，始めるものですか？　よーく考えてから，どちらかに手を挙げてください。[挙手]

[提示] 授業をはじめるのは○○○

　授業は，チャイムが鳴って勝手に始まるものではなく，始めるものなのです。では，授業を始めるのは誰ですか？ [指名]

[提示] 授業をはじめるのはじぶん

　先生が授業を始めるのではなく，自分で授業を始めるのです。どの授業でも，例えば次のことは自分の席でやっておくことができるはずです。

[提示]

①今日の授業は教科書の何ページか考え，開いておく。
②ノートの新しいページを開いたり，配られたプリントに名前を書いたりする。
③開いた教科書のページを見て，大事そうな言葉に印を付ける。
④クラスの友達と一緒にこの授業で話し合いたいことを考える。
⑤自分だけのめあてを決めてノートに書く。

　こうして自分で授業を始めるために，チャイムが鳴る前から自分の席に座っておくのです。これを「チャイム前着席」と言います。

[提示] ○分前着席

　では，自分で授業を始めるために，みなさんは授業開始の何分前に「チャイム前着席」をしますか？　2分前〜5分前の間で自分が授業を始めやすい時間を選んでみてください。自分にとって無理のない「チャイム前着席」をしましょう。それが自分で授業を始めるためのコツです。さて，もう自分で授業を始めていた人に今日の授業は教科書の何ページか聞きますね。[指名]

13

対 応 学 年
1・2年 3・4年 5・6年

授業中おしゃべりをする子がいたら…
「今しかできないおしゃべりをしよう」

授業中おしゃべりをする子の背景

　授業中おしゃべりをする子に出会うことがあります。こうした子の行動には，次の２つの背景があると考えます。１つ目は，いつも「おしゃべり」が癖となっている状態です。衝動的におしゃべりをしてしまうような子に「迷惑だからおしゃべりを我慢しなさい」と伝えてもピンときません。２つ目は，無駄なおしゃべりと比べ，授業中だからこそ生まれる発言や話し合いの時間に価値があると実感を伴って深く理解していない状態です。

「ここ一番で効くお話」をする上で意識したいこと

　以上の背景を踏まえ，ここで私は次の２つを意識して「ここ一番で効くお話」をします。１つ目は，「おしゃべりを我慢しなさい」と伝えるのではなく，「今しかできないおしゃべりをしなさい」と伝えることです。おしゃべりを無駄なものから価値のあるものへと方向づけることで，おしゃべりをしたい子の衝動性を上手く受け止めながら新しい考え方を提示することができます。２つ目は，「今しかできないおしゃべり」と捉え直した授業中の発言や話し合いの場を最後に設けることです。実際にやってみることで，「今しかできないおしゃべり」が価値のあるものだと実感できます。さらにそのまま，この語りの後も発言や話し合いの場が盛り上がるような授業を展開し，「今しかできないおしゃべり」の価値をより味わえるようにします。

048

ここ一番で効くお話

提示 授業中におしゃべり（イラストでも可）

　これはしていいことですか？
　いけないことですよね。なぜいけないのでしょう？ **指名**
　なるほど。みなさんの意見をまとめると，真剣に授業を受けているクラスの仲間たちの邪魔になるからということですね。間違ってはいませんが，それだとただ自分が我慢するだけでしんどい人もいるかもしれません。
　先生は他にも，こんな理由でみんなには授業中のおしゃべりをしてほしくないと思っています。

提示 　　　　　　おしゃべりをするために，おしゃべりをしない
　　　　　　　　　の中には何が入るでしょう？ **指名**
　何だか変な言葉に感じると思いますが，これなら意味が分かるかな。

提示 今しかできないおしゃべりをするために，おしゃべりをしない

　授業中にしかできないおしゃべりは，あなたたちが思っている以上にたくさんあるのです。自分1人とその他クラス全員の子たちとおしゃべりすることもできるし，いろいろな人とペアやグループをつくっておしゃべりすることもできます。中には自分自身とおしゃべりする時間もあります。その一つ一つのおしゃべりは，あなたを賢くさせる学びのあるおしゃべりなのです。そしてそれは，授業中の今しかできないおしゃべりと言えます。
　そんな時に，授業中でなくてもできる無駄なおしゃべりをしていたらもったいないですよね。だから授業に関係のないおしゃべりはしないでください。それは周りの人たちだけでなく，自分のためにもしてはいけません。
　みんなで今しかできない，学びのあるおしゃべりをして，一緒に賢くなっていきましょう。みんなで読みます。さん，はい。

斉読 今しかできないおしゃべりをするために，おしゃべりをしない。

　では早速，今しかできないおしゃべりをするよ。

演出 授業の初発問を投げかけ，ペアやグループで話し合う時間を設ける

第3章　教室の「ルール」にかかわるお話　049

14

対応学年
1・2年 **3・4年** 5・6年

授業中トイレに行く子がいたら…
「あなたのトイレタイムは何時何分？」

授業中トイレに行く子の背景

　授業中トイレに行く子に出会うことがあります。中には一度だけでなく，何度も授業中のトイレを繰り返す子がいます。こうした子の行動には，体調面以外に次の３つの背景があると考えます。１つ目は，見通しをもって動く経験を積んできていない状態です。その場合，次の授業に向けて休み時間中にするべきことを考える経験を意図的に積む必要があります。２つ目は，目の前のことばかりに夢中になってしまう状態です。３つ目は，夢中になってしまうが故に周りの人の動きが見えていない状態です。自分だけの世界から視野を広げられるような手立てが必要になります。

「ここ一番で効くお話」をする上で意識したいこと

　以上の背景を踏まえ，ここで私は次の２つを意識して「ここ一番で効くお話」をします。１つ目は，トイレに行く時刻を記入して見通しをもてるようなプリントを用意することです。「トイレタイム」とネーミングし，分単位で自分の行動パターンを調べてみたくなるような問いかけをします。２つ目は，見通しをもって休み時間中にトイレに行くことができる子の力を借りることです。その子の行動パターンを真似することで，本人にとって自然と授業中にトイレに行かなくてもよい状態へとつなげていきます。それでも頻繁にトイレに行く子には，保護者の方へ連絡して体調面の配慮を検討します。

ここ一番で効くお話

 板書 トイレに行く
　これはしていいことですか？ 指名 　当たり前にしていいことですよね。
 板書 授業中トイレに行く
　では，これはしていいことですか？ 指名 　あれ？　なぜさっきまでしていいことだったのに，急にしてはいけないことになったのでしょう。説明できる人は手を挙げてください。 指名
　やっていいことと悪いことは，いつそれをやるかで変わってくるのです。
 板書 トイレタイム
　１日の中で，トイレタイムにしていい時は決まっていますよね。例えば，どんな時ですか？ 指名 　なるほど。みなさんはきちんとその時にトイレに行っているでしょうか。授業中思わずトイレに行きたくなってしまう人はいませんか？　正直に手を挙げてください。 挙手
　今手を挙げた人は，これが答えられない人なのかもしれませんね。
 板書 私のトイレタイムは，○時○分
　あなたのトイレタイムはいつも何時何分ですか？　すぐに答えられる人は手を挙げてください。 挙手
　意外と少ないですよね。それほどみなさんは，自分のトイレタイムを知りません。自分のことなのに，です。次トイレに行く時からは，いつも時計を見て時刻を確認するようにしてみましょう。
　見てほしいのは時計だけではありません。トイレタイムが同じ友達も見てみてください。自分が思わず忘れてしまいそうになる時，その友達と一緒に動けば安心です。トイレだけでなく，授業までにやっておくとよいことはたくさんあります。鉛筆削りや授業の準備などです。それぞれ何時何分に，誰と一緒にやろうか考えてみると，授業中に１人だけ…なんて恥ずかしいことにはならないはずです。まずは今から配るプリントに，自分のトイレタイムを書いてみてください。 演出 トイレタイムを記入できるプリントを配付

15	対 応 学 年

1·2年 3·4年 5·6年

発言する子の方を向いて聞けない子がいたら…
「勇気100％にしてあげて」

発言する子の方を向いて聞けない子の背景

　発言する子の方を向いて聞けない子に出会うことがあります。こうした子の行動には，次の２つの背景があると考えます。１つ目は，何のために発言する子の方を向いて聞くのかという目的について深く理解していない状態です。２つ目は，発言する子だけのために自分ががんばるという勘違いをしている状態です。自分のためにもなるという実感がないので，発言する子の方を向いて聞こうという意識をなかなか高めることができません。

「ここ一番で効くお話」をする上で意識したいこと

　以上の背景を踏まえ，ここで私は次の２つを意識して「ここ一番で効くお話」をします。１つ目は，「勇気100％にしてあげて」をキーフレーズに，心の内面にも焦点を当てて発言する子の方を向いて聞く目的を伝えます。発言する子の方を向いて聞く自分の姿は，一生懸命発言しようとしている相手に勇気を与える行為であると価値づけるのです。２つ目は，発言する子のためだけでなく，同じクラスのみんなや自分自身のためにもなると伝えます。一人一人が発言する子の方を向いて聞くようになれば，クラスみんなにとっても教室が安心できる居場所となります。さらに，勇気を出して発言する仲間の姿や，みんなで応援するように聞く姿は，自分にとっても次の発言に向けての勇気がもらえるきっかけとなります。

052

ここ一番で効くお話

[提示] 発言する人の方を向いて聞く（イラストでも可）

　発言する人の方を向いて聞く理由について，説明できる人は教えてください。[指名]　[演出] 発言する子の方を向いていない子のそばに近づく

　なるほど。発言している子たちの意見は素敵でしたが，今も発言する人の方を向いている人とそうでない人がいました。

[板書] 勇気100％にしてあげて

　発言する時は誰しも勇気がいるものです。そんなのいらないという人も，まだ発言することに慣れていない頃はそうだったはずです。発言する人の方を向いて聞くと，次の3人の人を勇気100％にしてあげることができます。

[板書] ①友達　勇気100％

　まずは，発言しようとしている友達を勇気100％にしてあげてください。
　「大丈夫。あなたの話を聞いているよ」という気持ちを目線と体の向きで伝えるのです。そして，発言し終わったら温かい反応を送りましょう。勇気を出して発言した友達をそうやって安心させてあげるのです。勇気5％で自信なさそうに発言していた人も，勇気100％で次も発言しようとします。

[板書] ②クラスのみんな　勇気100％

　みんなで気を付けていると，どの人も勇気100％になり，今まで発言する勇気が0％だった人も発言するようになります。こうした人は，「このクラスは自分の話をきちんと聞いてくれるクラスなのか」をいつも気にしています。誰もが安心して発言する勇気が出せるクラスにしていきましょう。

[板書] ③自分　勇気100％

　実は，自分のためでもあるのですよ。発言する人の話がよく分かるだけでなく，その人の勇気や，その人の話を真剣に聞く人たちの気持ちが伝わってきて，自分も勇気がもらえるきっかけになります。
　さぁ，今からの授業はみんなでどの子も勇気100％にしてあげてね。

[演出] 子どもたちの発言につながる授業の発問をする

16

対応学年 1・2年 3・4年 5・6年

すぐ先生に質問しにくる子がいたら…
「自分なりの答え合わせを」

すぐ先生に質問しにくる子の背景

　すぐ先生に質問しにくる子に出会うことがあります。こうした子の行動には，次の2つの背景があると考えます。1つ目は，何か分からないことがあると，「まず先生に質問しよう」という思考が自然と働き，先生へ質問することが真っ先にやるべきこととしてルーティーン化している状態です。そこで，ルーティーンの順番を並び替える必要があります。2つ目は，先生に聞けば何でも分かるからと勘違いし，思考停止になっている状態です。そこで，自分で考えなくても事が進むという思い込みを解きほぐす必要があります。

「ここ一番で効くお話」をする上で意識したいこと

　以上の背景を踏まえ，ここで私は次の2つを意識して「ここ一番で効くお話」をします。1つ目は，分からないことがあった時のルーティーンを明示し，先生へ質問することが真っ先にやることではないと伝えることです。ここでは，先生へ質問することは4番目と伝え，その前にやるべきことを3つ明示しています。2つ目は，「先生の答えはつまらない」とあえて伝え，「自分なりの答え合わせ」をすることに価値を置いて伝えることです。板書した「先生に質問」という言葉を消す演出を挟むことで，自分やクラスの仲間との答え合わせに目を向けられるようにします。この語りの後には，先生に頼らず自分たちで努力する子がいたら認める声かけをしていきたいです。

054

ここ一番で効くお話

提示 計算問題をがんばって解いた後の児童のノートの写真

　このように自分でがんばって問題を解いた後，みなさんは次に何をしますか？ **指名**　そうですね。答え合わせをしますよね。もしこのノートが自分で解いたものではなく，はじめから問題の答えを見て書き写したノートだったらどう思いますか？ **指名**　なるほど。あまり良い気持ちはしませんよね。

板書 先生に質問＝答え

　みなさんが１人で先生のところへ質問しにくる行動は，わざわざ答えを聞きにきているという行動なわけです。もしかしたらその行動は，はじめから問題の答えを見て書き写している人と同じなのかもしれませんね。

板書 ④先生に質問＝答え合わせ

　先生に質問しにくるのは最後の４番目で，答え合わせをするために来るのです。でもね，先生がもっているのはつまらない答えだから，これすらやらなくてよいことかもしれません。　**演出** 板書したものを全て消す

　それよりも，次の３つをまずはしてみてください。

提示 ①自分で考える　②本やインターネットで調べる　③友達に相談する

　１番目の自分で考えることをとばしてすぐに先生へ質問する人は，目の前の問題から逃げ続け，先生が言ったようにしか動けなくなってしまいます。

　２番目の本やインターネットで調べることをとばしてすぐに先生へ質問する人は，いつになっても自分で答えを見つけ出す楽しみを味わえません。

　３番目の友達に相談することをとばしてすぐに先生へ質問する人は，その友達とだからこそ見つけ出せる答えに出合うチャンスを失っています。

板書 自分なりの答え合わせを

　自分で考え，調べ，仲間と一緒に考えてこそ，先生がもっている答えよりも面白く，自分のためになる答えに出合うことができます。先生へ質問しにくる前に，自分なりの答え合わせをしてみましょう。

第３章　教室の「ルール」にかかわるお話

17

対応学年 1·2年 **3·4年** 5·6年

すぐに席替えしたいと言う子がいたら…
「立ち歩く席替えをしよう」

すぐに席替えしたいと言う子の背景

　すぐに席替えしたいと言う子に出会うことがあります。こうした子の行動には，次の2つの背景があると考えます。1つ目は，自分1人で居心地よくなろうとしている考え方です。自分が少しでも気に入らない環境に置かれると，すぐに環境を変えようと頭が働きます。2つ目は，席替え自体に特別感を抱いている状態です。席替えをイベント事のように捉え，楽しいことがしたいと期待しています。席替えという手段が目的化しており，「何のために席替えをするのか」という本来の目的を見失っています。

「ここ一番で効くお話」をする上で意識したいこと

　以上の背景を踏まえ，ここで私は次の2つを意識して「ここ一番で効くお話」をします。1つ目は，「みんなが居心地よくなるように」どうしたらよいのかを考える時間を設けることです。2つ目は，「席に座る席替えはできないけど，立ち歩く席替えならいつでもできるよ」と新しい選択肢を伝えることで，「席替えをしたい」気持ちを別の方法で満たしてあげることです。立ち歩く席替えで「誰もが安心してかかわることができるために」といった席替えの本来の目的について考えるきっかけとします。席替えの方法については担任1人で悩まず，この語りの後も立ち歩く席替えを積み重ねながら，子どもたちと一緒にベターな方法を探っていけたらと思います。

ここ一番で効くお話

板書 せきがえ

　先ほど先生に,「次の席替えはいつですか？」と質問した人がいました。そもそも席替えは何のためにするのか,説明できる人がいたら教えてください。 **指名**　なるほど。まだ自分で分かっていない人も多そうですね。
提示 A　毎日せきがえをするクラス　B　一度もせきがえをしないクラス
　全国には,毎日席替えをするクラスもあれば,一度も席替えをしないクラスもあるそうです。どちらも嫌だという人もいそうですね。実際に「こんな席替えの仕方,嫌ではないですか？」と質問すると,それぞれのクラスにいる人は同じことを言ったそうです。何と言ったと思いますか？ **指名**
板書 「どんなせきでも,いごこちのよいクラスだから」
　こう答えたのだそうです。席替えは,みんなが居心地よく学校生活を送るためにします。自分1人だけが居心地よくなるような席替えではいけないのです。ここにいる全員がどんな席でも居心地がよいと言えるのなら,どんな席替えの方法でも嫌ではないのです。みなさんもできるなら,今すぐにでも席替えをします。でも実際は,いきなりそう簡単にはできませんよね。
提示 立ち歩くせきがえをたくさんしよう
　どんな席でも居心地のよいクラスとは,どんな人とも安心してかかわることができるクラスです。だからまず,席に座る席替えではなく,「立ち歩く席替え」をたくさんしていきましょう。授業中に立ち歩いて自分から遠い席の人とも話し合ってみたいなと思う時は,ぜひ先生に教えてください。休み時間中には,立ち歩いていろいろな人と遊ぶチャンスをつくってみてください。そうやって「立ち歩く席替え」を繰り返し,誰とでも安心してかかわることができるクラスになれたら,席に座る席替えも,いつでもできるようになるのでしょう。では今から早速,「立ち歩く席替え」をします。
演出 自由にペアやグループを組んで行う学習活動をする

18

対応学年 1・2年 3・4年 5・6年

運動場で砂いじりをする子がいたら…
「次のお楽しみ会は…」

運動場で砂いじりをする子の背景

　運動場で砂いじりをする子に出会うことがあります。こうした子の行動には，次の２つの背景があると考えます。１つ目は，目の前の楽しさに惹かれて本来の目的を見失っている状態です。２つ目は，それによって今やるべきことをやらないと，もっと楽しい時間を失ってしまうという見通しをもてない状態です。砂いじりは目の前にいじると楽しい砂があるという光景に，反射的かつ感覚的に反応している行為です。そこで，語りによって一度立ち止まって考えられるような機会をつくり出していく必要があります。

「ここ一番で効くお話」をする上で意識したいこと

　以上の背景を踏まえ，ここで私は次の２つを意識して「ここ一番で効くお話」をします。１つ目は，「ずっと１人で砂いじり」をみんなでしようとお楽しみ会の提案をします。思わずやってしまう砂いじりを「お楽しみ会」という視点で振り返ることで，本当にやるべきことなのかを考え直し，見失っていた目的を取り戻すきっかけとします。２つ目は，今やるべきことをした先にもっと楽しいことが待っていると伝えることです。砂いじりをした子だけが全体の場で叱られる緊張した雰囲気ではなく，みんなで一緒になってやるべきことをやった先の楽しい時間をつくる温かい雰囲気づくりを目指し，見通しをもった行動を促していきます。

ここ一番で効くお話

板書 運動場でお楽しみ会

　このクラスで学校の運動場を貸し切ってお楽しみ会ができるとしたら，みなさんは運動場で何をしたいですか？ **指名**

　あれ？　まだ出てこない遊びがあります。ほら，体育の授業や下校で並んで座っている時に下を向いてするあの遊びです。分かる人は手を挙げてください。 **挙手**　あまりいませんね。でもせっかくだからお楽しみ会はこの遊びにしましょう。いつも楽しそうにしているからきっと喜ぶはず。これです。

提示 砂いじりのイラスト

　みんなで運動場の砂いじり。45分間ずっと，です。他のことは絶対にしてはいけません。いつも通りそれぞれ１人でずっとやっていてください。砂いじりをしてお楽しみ会を過ごす。どうですか？

　あまりうれしそうな顔をしている人がいませんね。それもそのはずです。砂いじりよりもやるべきことがあると，本当はみんな知っているのですから。

　休み時間中の外遊びで，友達とわざわざ砂いじりをしにいく人はいません。それは，鬼ごっこやサッカー，遊具遊びなど，もっとやるべきことがあると知っているからですよね。体育の授業や下校も同じです。

提示 何のために運動場に来たの？

　自分の心に聞いてみてください。体育の授業をしにきたのに砂いじりをしていては，やるべきことを忘れています。下校するために来たのに砂いじりをしていては，それもやるべきことを忘れています。

提示 やるべきこと→もっと楽しいこと

　砂いじりのせいで忘れているやるべきことを忘れずにやり続けていくと，みんなでもっと楽しいことができる時間が増えていきますよ。次のお楽しみ会は，砂いじりよりも楽しい遊びをみんなで一緒にしませんか？

　これから体育の授業をしに運動場へ行きます。今やるべきことは何か分かる人？ **指名**　忘れていませんね。楽しいことができる時間が増えそうです。

第３章　教室の「ルール」にかかわるお話　059

	対 応 学 年		
19	1・2年	3・4年	5・6年

タブレットの使い方が悪い子がいたら…
「タブレットに使われているよ」

タブレットの使い方が悪い子の背景

　タブレットの使い方が悪い子に出会うことがあります。こうした子の行動には，次の2つの背景があると考えます。1つ目は，正しさよりも楽しさを優先してしまっている状態です。楽しければどんな使い方をしてもよいと思い込んでいる子に，正しく使わないと自分がどうなってしまうのか具体的に見通しをもたせる必要があります。2つ目は，タブレットの正しい使い方を深く理解していない状態です。こうした子には，タブレットの適切な使い方について分かりやすく伝える必要があります。

「ここ一番で効くお話」をする上で意識したいこと

　以上の背景を踏まえ，ここで私は次の2つを意識して「ここ一番で効くお話」をします。1つ目は，タブレットが自分を使っているという視点の提示です。タブレットを正しく使わないと，主導権がタブレットに移り，自分の心や体に悪い影響を与えるようになると伝えます。2つ目は，「3つの守ろう」をキーワードにしたタブレットの正しい使い方の提示です。1つずつ示してから「この中で守るのが難しいと思うものは？」と問いかけることで，タブレットの正しい使い方について自分事として考えられるようにします。さらに，守るのが難しいと感じたらいつでも教師が相談に乗ることを伝え，学級の子どもたちが安心して正しい使い方を学べる雰囲気づくりをします。

060

ここ一番で効くお話

|提示| **タブレットの写真**
　突然ですが，みなさんはこのタブレットを学校やおうちで使っていますか？　使っている人は手を挙げてください。|挙手|　みなさん使っていますよね。でも実は，使っているのはタブレットの方で，みなさんは使われている側かもしれません。こんな感じで，タブレットに使われるのは嫌ですよね。

|提示| **タブレットに使われている様子を表すイラスト**
　こうならないために，タブレットは楽しく使うのではなく，正しく使うことが大切です。

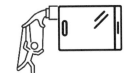

|板書| **楽しく使うのではなく，正しく使う**
　そのために，「3つの守ろう」をみんなで確認します。

|板書| **①使う時間を守ろう**
　タブレットを長時間使うと，目が疲れたり，姿勢が悪くなったり，ひどいと病気になったりします。使う時間を決め，守るようにしましょう。

|板書| **②安全を守ろう**
　インターネットには楽しいサイトがたくさんあります。でも，危ないサイトもたくさんあります。おうちの人や先生に相談して，安全なサイトだけを見るようにしましょう。安全を守り，安心して使うようにしましょう。

|板書| **③個人情報を守ろう**
　自分の名前や住所，学校の名前などをインターネットで教えてはいけません。また，自分のタブレットのパスワードを声に出すのもいけません。自分の個人情報を教えるのは，自分の裸を見せるのと同じくらい他人に知られてはいけないことです。大切なあなただけの情報を守りましょう。

　この「3つの守ろう」の中で，どれを守るのが難しそうですか？|指名|
　守ろうとした時に何か困っていることがあったら，いつでも先生に相談してください。ここにいる全員が，タブレットを正しく使えるように助けます。みんなでタブレットに使われる人ではなく，使う人になりましょう。

20

対 応 学 年

1・2年　3・4年　5・6年

道幅いっぱいに広がる子がいたら…
「足跡の向きと目線」

道幅いっぱいに広がる子の背景

　道幅いっぱいに広がる子に出会うことがあります。こうした子の行動には，次の2つの背景があると考えます。1つ目は，すれ違う相手を意識して行動していない状態です。道幅いっぱいに広がって歩く自分たちの姿が，相手から見てどんな様子なのかを客観視できるような工夫が必要です。2つ目は，歩き方を意識していない状態です。こうした子は，何も考えずにただ歩いています。そこで，自分の歩き方について振り返る機会を設ける必要があります。

「ここ一番で効くお話」をする上で意識したいこと

　以上の背景を踏まえ，ここで私は次の2つを意識して「ここ一番で効くお話」をします。1つ目は，道幅いっぱいに広がって歩く人の足跡を具体的にイメージできるイラストの提示です。友達の横に行こうとして歩くので，足跡はまっすぐにはなりません。まっすぐな足跡と比較することで，自分の歩き方に問題があると気付きやすくします。2つ目は，道幅いっぱいに広がって歩く自分たちの見ている景色を具体的にイメージできるイラストの提示です。目線を前に向け，すれ違う相手を意識しながらまっすぐ歩くよう促します。いつも前を向いて歩くようにしていれば，すれ違う相手の存在や自分の歩き方の問題に気付きやすくなるでしょう。

062

ここ一番で効くお話

|提示|

　AとBは何が違いますか？ |指名|　そうですね。みなさんはいつも，どちらの足跡をつけながら廊下や歩道を歩いていますか？　Aだという人？ |挙手|　Bだという人？ |挙手|　なるほど。Bだという人もいますね。
　今度は足跡ではなく，目線を比べてみましょう。

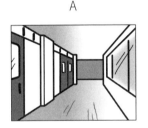

　Aのように目線が前の人は，歩く道の先の景色がよく見えますし，まっすぐ足跡を残すことができます。それに比べてBのように目線が隣を歩く友達の人は，歩く道の先を見ておらず，曲がった足跡を残すことになります。
　すれ違う人に「道幅いっぱいに広がって歩いていて邪魔だなぁ」と思われないように，足跡の向きと目線に気を付けて歩いてみましょう。そうすれば，お互いに気持ちよくすれ違うことができます。
　あなたたちが歩く廊下や歩道は，あなたたちだけの道ではありません。だからこそ，その道を歩く全ての人が気持ちよく歩けるように，道幅いっぱいに広がらず，足跡の向きも目線も前へ前へと向けていきましょう。

21

対 応 学 年

1・2年 3・4年 5・6年

式や集会の参加態度が悪い子がいたら…
「学校全体がチームプレーする場」

式や集会の参加態度が悪い子の背景

　式や集会の参加態度が悪い子に出会うことがあります。こうした子の行動には，次の３つの背景があると考えます。１つ目は，式や集会に特別感を抱いていない状態です。日常の延長，決まった予定といった消極的な捉えで参加している気持ちが態度に表れているのです。２つ目は，学校全体で助け合う時間であると認識していない状態です。自分たちの姿が他の学年やクラスの子にも影響を与えていると気付かせる視点が必要になります。３つ目は，式や集会はただじっとしているだけと思い込んでいる状態です。こうした子には，式や集会は我慢する場ではないと考え方を転換する必要があります。

「ここ一番で効くお話」をする上で意識したいこと

　以上の背景を踏まえ，ここで私は次の２つを意識して「ここ一番で効くお話」をします。１つ目は，式や集会は学校全体がチームプレーを行う場であると特別感をもって価値づけることです。日頃できないダイナミックな助け合いが生まれる場であると強調して伝えていきます。２つ目は，式や集会は「静の時間」のようで「動の時間」であると示すことです。そのために，「チームプレー」という言葉を多用し，自分自身の参加態度を改められるように促します。こうすることで，式や集会に対する考え方をネガティブで受け身なものからポジティブで主体的なものへと転換できるようにします。

ここ一番で効くお話

板書 式　集会

　学校生活には，○○式や○○の会といったものが必ずあります。こうした式や集会に参加することは，時々面倒くさいと思うこともあるかもしれません。そもそも，なぜ式や集会があると思いますか？ **指名**

板書 学校全体

　式や集会は，学校全体が集まる大切な時間です。いろいろな先生が，みなさんのために大事な話をしてくださいます。例えば，安全のための話や，成長のための話です。一度にみんなで同じ話を聞くことで，学校全体が大事な話を知ることができます。でも，さわがしくしていたり，ふざけていたりすると，自分も周りの子も大事な話を聞き逃してしまいます。

板書 学校全体がチーム

　式や集会の時間に，みんなが協力して静かに話を聞くことで，学校全体が１つの「チーム」になります。

板書 学校全体がチームプレーをするチャンス

　式や集会は，学校全体がチームプレーをするチャンスなのです。このチャンスを逃さないようにしましょう。試しに今日の集会に参加するみなさんの様子を，先生は上から写真で撮ってみました。

提示 式や集会中の子どもたちの様子の写真

　残念ながら，「チーム」に慣れていない人が目立ちます。こんな様子で，学校全体がチームプレーをしていると言えるでしょうか？

演出 板書された「チームプレー」の文字を赤チョークで囲む

　次の式や集会では，先生はあなたたちの「チームプレー」をもっと見たいです。一人一人が協力して，自分たちの周りから少しずつ，学校全体を１つの「チーム」にしていきましょう。そのためにできることが，きっとたくさんあるはずです。自分たちは次の式や集会でどんな「チームプレー」を見せるのか，真剣に考えてみてください。

第３章　教室の「ルール」にかかわるお話　065

22

対 応 学 年
1·2年　3·4年　5·6年

お金のトラブルが多い子がいたら…
「あなたのお金は誰のものでもない」

お金のトラブルが多い子の背景

　お金のトラブルが多い子に出会うことがあります。こうした子の行動には，次の３つの背景があると考えます。１つ目は，お金は何でもかんでも自分で自由に使ってよいものだと勘違いしている状態です。２つ目は，お金を正しく使うことの良さを深く理解していない状態です。３つ目は，その場のお金の使い方だけに目を向けていて，将来もずっとお金と付き合っていくという実感をもてていない状態です。そこで，自分だけのものではないお金を正しく使い，みんなで助け合う未来を築いていく視点を与える必要があります。

「ここ一番で効くお話」をする上で意識したいこと

　以上の背景を踏まえ，ここで私は次の２つを意識して「ここ一番で効くお話」をします。１つ目は，「あなたのお金は誰のものでもない」と伝え，みんなで助け合って使い，持っているのだと伝えます。お金を持つこと自体当たり前ではなく，大勢の人たちの助け合いの上に成り立っていると考えさせたいです。２つ目は，小学生から身に付けたお金の正しい使い方は，将来自分がお金のトラブルに遭わないための「お守り」にもなると伝えることです。今のうちに正しいお金の使い方を身に付けることで，将来の自分にずっと役立っていくという見通しがもてるようにします。語りの後も，正しいお金の使い方について具体的な事例をもとに考える機会をつくっていきます。

066

ここ一番で効くお話

提示 お金のトラブル（お金のイラストと一緒に）

お金は誰もが毎日のように持っていて，使うものです。

でもね，お金のトラブルはみなさんのような小学生だけでなく，中学生や高校生，大学生，そして大人になっても当たり前のように起きるものです。

だから自分だけは大丈夫だなんて思わないでください。

板書 あなたのお金は誰のもの

突然ですが，あなたのお金は誰のものですか？

実は，自分のお金ではないのです。小学生で働いて給料をもらっている人はいませんよね。おうちの人たちからもらうお金を持っているだけで，元々はおうちの人たちのお金なのです。だからこそ，おうちの人たちと一緒にお金の使い方についてのルールを話し合うことが大切です。

おうちの人と決めたお金の使い方についてのルールを分かっている人は手を挙げてください。**挙手**　今手が挙がらない人は，今日をチャンスにして，帰ったらおうちの人たちと一緒に話し合ってみてください。

板書 あなたのお金は誰のものでもない

さらに言うと，あなたのお金は誰のものでもないのです。おうちの人たちが持っているお金も，元々は働いているところのお金なのです。その働いているところのお金も，元々はそこでお金を使ってくれた人のお金なのです。

提示 助け合って持っているから，助け合って使う

お金はみんなでお互いに助け合って持っているのです。だから，助け合って使うことが大切です。そのために，お金の貸し借りをしない，子どもだけで使わないなど，正しい使い方ができるようになりましょう。

小学生から身に付けたお金の正しい使い方は，大人になってからのあなたがお金のトラブルに遭わないための「お守り」にもなるでしょう。これからもここにいる誰もがそのお守りを持てるように，一緒に考えていきましょう。

第3章　教室の「ルール」にかかわるお話

23

対応学年
1・2年 3・4年 5・6年

かかとを踏んでいる子がいたら…
「2つの命を踏みつぶさないで」

かかとを踏んでいる子の背景

　かかとを踏んでいる子に出会うことがあります。こうした子の行動には，次の2つの背景があると考えます。1つ目は，かかとを踏むことを大したことに感じていない，または無意識に行っている状態です。かかとを踏むという些細な行動が，その後の大きな事態につながることを実感できるような伝え方が必要となります。2つ目は，履いているシューズが自分の足のサイズに合っていない場合です。語りをきっかけに，自分が毎日のように履くシューズのサイズを今一度確認できるようにしたいです。

「ここ一番で効くお話」をする上で意識したいこと

　以上の背景を踏まえ，ここで私は次の2つを意識して「ここ一番で効くお話」をします。1つ目は，「命」や「二度と元に戻らない」という強い言葉をあえて使い，かかとを踏む行為の危険性を伝えることです。ここでは，シューズの命と自分の命を対比させながら提示することで，かかとを踏む行為の危険性を自分事として深く理解できるように工夫しています。2つ目は，語りの最後に自分のシューズのサイズを確認するよう呼びかけることです。その際，「自分の命を足元で預けているシューズ」と価値づけることで，これまでとは違った向き合い方でシューズのサイズを確認できるようにします。この語りの後も，シューズのサイズを確認する機会を定期的に設けます。

068

ここ一番で効くお話

提示 「かかとふみ」の絵

　この絵のように「かかとふみ」をしてしまうことがある人は手を挙げてください。挙手　急いでいる時や面倒くさいと思う時は，ついやってしまうかもしれません。でも，繰り返していると大変なことになります。

板書 2つの命を踏みつぶさないで

　なぜなら，「かかとふみ」は2つの命を踏みつぶしているのと同じなのです。何の命か分かる人は手を挙げて教えてください。指名

板書 ①シューズの命

　1つ目は，みなさんが履いているシューズの命です。今からシューズの命を見せますね。この部分です。

提示 「ヒールカウンター」の絵

　これを「ヒールカウンター」と言います。このヒールカウンターは，一度形が変わってしまったり，壊れたりすると，もう元には戻せません。シューズの命は，一度なくしてしまうと二度と元には戻らないのです。

板書 ②あなたの命

　2つ目は，あなたの命です。シューズの命である「ヒールカウンター」を踏みつぶして歩き続けると，転んだり，背骨が曲がったりします。かかとを踏んでいたことで転び，本当に命を落とした人もいます。あなたの命も，一度なくしてしまうと二度と元には戻らないのです。

　2つの命を守るために，みんなで「かかとふみ」をやめましょう。

　さて，自分の命を足元で預けているそのシューズ，そもそも本当にあなたの足のサイズに合っていますか？　一度みんなでそれぞれ確認してみましょう。

演出 みんなでシューズのサイズを確認する時間を設ける

【参考サイト】「スポーツシューズガイドブック」アシックス

第 4 章

教室の「整理整頓」にかかわるお話

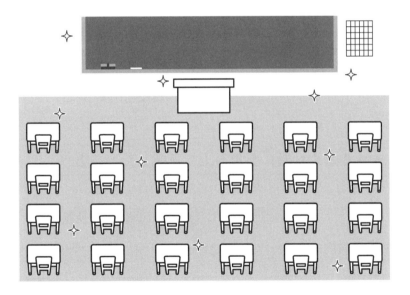

　物の景色は，その物を使う人の心の景色を如実に表しています。整理整頓についての語りは，子どもたちの心を育てる上で必須の語りと言えるでしょう。身だしなみから身の回りの物まで，幅広く語りを繰り出したいです。

	対 応 学 年

24

1・2年 **3・4年** **5・6年**

靴をそろえられない子がいたら…
「心をそろえる場所」

靴をそろえられない子の背景

　靴をそろえられない子に出会うことがあります。こうした子の行動には，次の２つの背景があると考えます。１つ目は，自分の靴がそろっていないことを自覚していない状態です。そこで，靴の様子を俯瞰することを通して，自分の靴がそろっていないことを自覚する機会をつくり出す必要があります。２つ目は，みんなで靴をそろえることでどんな価値が生まれるのか理解していない状態です。語りを通して，ただ靴が整頓されるだけではない新たな価値について子どもたちと一緒に考えてみたいです。

「ここ一番で効くお話」をする上で意識したいこと

　以上の背景を踏まえ，ここで私は次の２つを意識して「ここ一番で効くお話」をします。１つ目は，使用している下駄箱の靴の様子を撮影した写真の活用です。インターネットに溢れているイラストや画像ではなく，自分たちの靴の様子の写真を目にすることで，靴がそろっていない状況を自覚できるようにします。２つ目は，「物がそろうと，心がそろう」「靴箱は心をそろえる場所」をキーワードに，靴をそろえる新たな価値を伝えることです。靴という見えるものだけでなく，見えない心にも目を向けます。また，１人でそろえるのではなく，みんなでそろえる意識を高めます。こうすることで，子どもたちにとって靴をそろえる内発的動機づけを促す語りをしていきます。

072

ここ一番で効くお話

　この学校で一番良いクラスは，何年何組だと思いますか？
　そんなことを突然聞かれても困りますよね。
　そのクラスが本当に学校で一番良いクラスなのかどうかを確かめるのは難しいでしょう。でも，そのクラスにいる人たちの心がそろっているかどうかは，まずここを見れば確かめることができます。

`提示` **トイレのスリッパがそろっている写真**

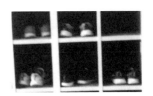

　トイレのスリッパです。いつ見てもそろっているクラスや学年は，その人たちの心もそろっています。

`板書` **物がそろうと，心がそろう**

　物がそろうと，心がそろうのです。トイレのスリッパは，みんなの心をそろえる場所とも言えるでしょう。

`板書` **心をそろえる場所**

　では，学校の中で心をそろえる場所は，トイレだけでしょうか？　実は，もっと心をそろえる場所があります。どこだか分かった人？ `指名` 正解は…

`提示` **下駄箱の靴が乱れた様子を撮影した写真**

　下駄箱です。みんなの上履きや下足がいつ見てもそろっているクラスや学年は，やはりその人たちの心もそろっています。これではそろっているとは言えませんよね。

`提示` **下駄箱の靴が整頓された様子を撮影した写真**

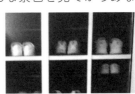

　このように，いつも全員が靴をきれいにそろえて入れることができる。こんな景色を見てからあなたたちは教室に向かい，こんな景色を見てからあなたたちはおうちへ帰っていくのです。下駄箱は，心をそろえる場所の中でも，1日の始まりと終わりの景色を彩る大切な場所です。この素敵な景色を，みんなで心をそろえて守り続けていきましょう。

第4章　教室の「整理整頓」にかかわるお話

25

対応学年
1・2年　3・4年　5・6年

ごみをまたぐ，拾わない子がいたら…
「はっけんのプロになろう」

ごみをまたぐ，拾わない子の背景

　教室の床にごみが落ちていても平気でまたいだり，拾わなかったりする子に出会うことがあります。こうした子の行動には，次の2つの背景があると考えます。1つ目は，ごみが落ちていることに気付く目が育っていないことです。特に目の前の景色を細かく観察する経験を十分に積み重ねてきていない子は，床に落ちているごみにそもそも気付かないで過ごしています。2つ目は，自分が落としたごみではないから拾わないという考え方です。公私の区別がつかず，自分の世界しか見えない子は，床のごみも他人事なのです。

「ここ一番で効くお話」をする上で意識したいこと

　以上の背景を踏まえ，ここで私は次の2つを意識して「ここ一番で効くお話」をします。1つ目は，「はっけん」をクラスのみんなの合言葉として提示することです。日頃から目の前にしている景色を細かく観察する目を，1人ではなくみんなで一緒に育てていこうと促します。2つ目は，思わず誰が落としたのかが気になってしまう「ごみ」に注目するのではなく，毎日みんなで見る「床」に注目させることです。そのために，事前に撮影しておいたきれいな床の景色の写真を提示します。また，いつもごみ拾いをしている子を何人か紹介し，「はっけんのプロ」として価値づけます。この語りの後には，実際にみんなで一緒にごみ拾いをする時間を設けます。

ここ一番で効くお話

[提示] 床にごみが落ちている写真　[板書] はっけん

　この写真を見て，何か「はっけん」したことがある人は手を挙げて教えてください。[指名]　なるほど。確かにごみが落ちていますね。
　今みなさんは，教室の床の写真をこの大きなスクリーンに映して，細かく観察したから，ごみが落ちていることを「はっけん」することができました。でも実際の床は，足元にあってこんなに見やすくないですよね。だからなのでしょうか。先生は，さっきこんな子を見て悲しくなりました。

[板書] ごみをまたぐ，ひろわない子　×

　正直，今までやってしまったことのある子は手を挙げてください。[挙手]
　意外と多いですよね。それは，まだまだ「はっけん」のプロになれていない証拠です。でも，実は「はっけん」しているけど…

[板書] 自分のごみではないからひろわない　×

　こんなことを思う人もいるかもしれません。でも，それは大きな勘違いをしています。注目するのはごみではなく…

[板書] きれいなゆかのけしき　○

　床の景色です。いつも足元にあるので，じっくりと眺めたことのある人は少ないかもしれません。でも，ごみが落ちていない床の景色は，とてもきれいな景色なのですよ。見てください。

[提示] きれいな床の景色の写真　[板書] はっけんのプロ

　誰が落としたごみなのかに注目するのではなく，いつもみんなで見ている床の景色に注目してみましょう。早速，先生は「はっけんのプロ」を見つけました。○○さんや○○さんは，先ほど教室の床に落ちていたごみを見つけてすぐに拾っていました。みんなで拍手！　[演出] 拍手をする
　ここにいる誰もが「はっけんのプロ」になれば，みんなで毎日見ることができますよ。それは何ともきれいな，床の景色を。

対応学年
1・2年　3・4年　5・6年

26

落とし物や失くし物が多い子がいたら…
「物にあいさつ」

落とし物や失くし物が多い子の背景

　落とし物や失くし物が多い子に出会うことがあります。こうした子の行動には，次の2つの背景があると考えます。1つ目は，「物紹介」できることの良さを理解していない状態です。「物紹介」とは，自分の使っている物の状態について細かく紹介することです。例えば，筆箱に鉛筆が何本入っていて，そのうち何本が削られているかなどをきちんと説明できる人は，いざ鉛筆を使おうとする時に困ることはありません。2つ目は，「物紹介」ができるようになる具体的な方法を知らない状態です。そのせいで，自分の使っている物ときちんと向き合う術を知らないのです。「物紹介」の具体的な方法を教え，日頃から物と向き合う習慣を身に付けていくことが必要です。

「ここ一番で効くお話」をする上で意識したいこと

　以上の背景を踏まえ，ここで私は次の2つを意識して「ここ一番で効くお話」をします。1つ目は，「物を大切にする人は，物から大切にされる人」という言葉を提示し，「物紹介」できることの良さを伝えることです。2つ目は，「物紹介」ができるようになる具体的な方法として，「物にあいさつ」を提案し，みんなで一緒にやってみる時間を設けることです。「物にあいさつ」とは，物に触って状態を確認する行為を指します。百聞は一見に如かずです。この語りの後も，習慣化するように呼びかけていきます。

ここ一番で効くお話

板書 あいさつ
　みなさんはいつも、どんな人にあいさつをしていますか？ **指名**
　なるほど。では、こんなことをしている人はいますか？

板書 物にあいさつ
　人にあいさつするのは当たり前でも、物にあいさつしている人は少ないかもしれません。でも、毎日欠かさず、物にあいさつしている人がいるのです。そんな人たちは、落とし物や失くし物をほとんどしません。
　では、どうやって物にあいさつするのでしょうか。
　その人は毎日、こんなことをしているそうです。

板書 さわる
　1日1回、自分の周りにある物に触る。それだけです。
　触ると、その物の状態が分かります。ほこりがかぶっていたらきれいにしますし、壊れているところは直します。物に触ってあいさつするとは、物を大切にするということなのです。

板書 物にあいさつ＝物を大切にする
　みなさんは、自分の筆箱の中に鉛筆が何本入っているか、答えることができますか？　そのうち、何本がとがっていて、何本が丸くなっているか、答えることができますか？　物にあいさつを続けている人は、いとも簡単に答えることができます。それは、物を大切にしている証拠なのです。

提示 物を大切にする人は、物から大切にされる人
　そんな人は、いざ使いたい時にすぐ取り出せ、良い状態で気持ちよく使うことができます。あいさつをしていると、物が助けてくれるのです。物を大切にする人は、物から大切にされる人になれます。
　落とし物や失くし物を減らせるように、今からみんなで一緒に物にあいさつをしてみましょう。

演出 実際に自分の物を一つ一つ触って状態を確かめる時間を設ける

第4章　教室の「整理整頓」にかかわるお話

27

対 応 学 年

1・2年　3・4年　5・6年

物に名前を書かない子がいたら…
「『あなた』というおうち」

物に名前を書かない子の背景

　物に名前を書かない子に出会うことがあります。こうした子の行動には，次の2つの背景があると考えます。1つ目は，名前を書く行為そのものを強制されて乗り気になれない状態です。こうした子は，名前を書くとどんな良いことがあるのかについて深く考えた経験のない場合が多いのです。2つ目は，その物を普段使っている間は「物に名前を書かなかったから困った」という経験をすることがないので，自分事になっていない状態です。名前を書かずにいた物を落としたり，失くしたりして初めて困り感が出てくるわけです。

「ここ一番で効くお話」をする上で意識したいこと

　以上の背景を踏まえ，ここで私は次の2つを意識して「ここ一番で効くお話」をします。1つ目は，物を擬人化したり，物に感情を乗せたりして話します。低学年児童向けの語りを想定し，童謡の「犬のおまわりさん」（佐藤義美作詞，大中恩作曲）の歌に乗せながら名前を書く良さを伝えるようにします。2つ目は，歌詞の言葉をキーワードにし，「泣いてばかりいる迷子のこねこちゃんも，困ってしまう犬のおまわりさんも，このクラスからいなくなるように気を付けよう」と呼びかけることです。ただ「落とし物です。誰のですか？」と呼びかけるよりも，より自分事として物に名前を書いてあげないと大変だと見通しをもてるようにしました。名前を書く行為そのものも楽しくなるでしょう。

ここ一番で効くお話

[演出] 突然「犬のおまわりさん」の冒頭部分を歌い始める

　こねこが迷子になって家も名前も分からない，というくだりです。
　この歌を知っている人？ [挙手] 　実はさっき先生は，この歌のこねこちゃんのようなものに出会いました。これです。

[演出] 落とし物として届けられた名無しの物（例：えんぴつ）を見せる

　「犬のおまわりさん」を替え歌にして，こねこではなくえんぴつくんとして歌います。迷子の迷子のえんぴつくん…
　さて，なぜこのえんぴつくんは，おうちも名前も分からないのでしょうか？ [指名] 　そうですね。持ち主が名前を書いていないからです。

[板書] おうちのなまえは，○○○のなまえ

　○の中に入る言葉が何か分かる人？ [指名] 　正解は…

[板書] おうちのなまえは，あなたのなまえ

です。あなたがいつも使っている物のおうちの名前は，あなたの名前なのです。名前を書かないということは，その物のおうちはどこでもいいということと同じなのです。そうなると，迷子になったら二度と「あなた」というおうちに帰ってくることはありません。あなたがいつも使っている物たちを決して困らせないように，あなたの名前を書いてあげてください。

[演出] 「犬のおまわりさん」の2番を歌い始める

　こねこが迷子になって家が分からず，犬のおまわりさんは困って，からすやすずめにも尋ねるというくだりです。
　困っているのは，迷子になった物だけではありませんね。この歌のように，一緒に探してくれる人たちみんなを困らせていきます。あなたの物にあなたの名前を書くことは，あなただけでなく，みんなのために忘れてはいけません。あなたが使っている物には，あなたの名前をきちんと書いてあげてくださいね。迷子になっても必ず，「あなた」というおうちに帰ってきますから。

28

対 応 学 年
1・2年 **3・4年** **5・6年**

机に落書きをする子がいたら…
「あなたの机ではありません」

机に落書きをする子の背景

　机に落書きをする子に出会うことがあります。こうした子の行動には，次の2つの背景があると考えます。1つ目は，自分の机には何をしてもいいと思い込んでいる状態です。こうした子は，自分が使っているものなのだから自分がどう使おうと勝手だろうと考えています。その先で今後使うことになる人の存在を見通して意識できていないのです。2つ目は，自分の机が用意されていることが当たり前だと思い込んでいる状態です。机そのものに有り難さを感じていないため，落書き帳と同じように扱ってしまうのです。

「ここ一番で効くお話」をする上で意識したいこと

　以上の背景を踏まえ，ここで私は次の2つを意識して「ここ一番で効くお話」をします。1つ目は，「あなたの机ではない」と明示することです。学校の机は全て，みんなで使っていくものであり，自分勝手に使っていい机は1つもありません。私物ではなく，公のものであると気付けば，机の使い方を変えるきっかけにもなるでしょう。2つ目は，机を作っている人の思いを紹介することです。「使っている人のことを考えて作る」人のリアルなエピソードが，子どもたちの「作っている人のことを考えて使う」人になろうという気持ちを高ぶらせます。その際，机を作っている人の生の声を視覚的に示したり，作っている映像を示したりしてリアリティを演出します。

ここ一番で効くお話

提示 机のシルエット

　あなたたちは今，これを毎日使っています。何でしょう？ **指名**

　はい。机ですね。でもね，今使い方のおかしかった人がいました。毎日使っているのに，正しく使えていないのです。もしかしたら勘違いしている人がいるかもしれないので，これからとても大事なことを確認します。

板書 あなたのつくえやいすではありません

　演出 （指差しながら）この机も，その机も，あなたたちのものではありません。

　元々は，あなたたちではない人が使っていたものです。そうやって学校では，毎年いろいろな人が交代しながら机を使い続けていくのです。

　さらに言えば，元々はこの人たちのものでした。

提示 「安全な机や椅子を作るために」の動画

【参考サイト】「安全な机や椅子を作るために」東京書籍

　あなたたちが使う机を作っている人たちです。この人たちは，「使う人のことを考えて作る」ことを大切にしています。安全に使えるように，一つ一つ丁寧に作るのです。

板書 使う人のことを考えて作る→作る人のことを考えて使う

　だからこそ，私たちは作る人のことを考えて使えるとよいですね。机に落書きをするなんて，自分のものだと勘違いして，作る人のことを考えていない証拠です。次の動画を見ながら，もっと作る人のことを考えてみましょう。

提示 「机・椅子ができるまで」の動画

【参考サイト】「机・椅子ができるまで」三原機工株式会社

　どんなことを考えましたか？ **指名**　今考えたことを意識して使いましょう。

第4章　教室の「整理整頓」にかかわるお話　081

対応学年

29

| 1・2年 | 3・4年 | 5・6年 |

机と椅子をそろえられない子がいたら…
「あなたの心の姿」

机と椅子をそろえられない子の背景

　机と椅子をそろえられない子に出会うことがあります。こうした子の行動には，次の2つの背景があると考えます。1つ目は，机と椅子がそろっていない状態を何とも思わない美意識の低さです。神は細部に宿ります。細かい部分を気にかけることで生まれる美しさを見出すイメージをもてる工夫が必要です。2つ目は，机と椅子をこまめにそろえる習慣が身に付いていない状態です。語りの中でも実際にみんなでそろえる時間を設けることで，そろえ方を教え，みんなで一緒に確認しながら習慣化を目指していきます。

「ここ一番で効くお話」をする上で意識したいこと

　以上の背景を踏まえ，ここで私は次の2つを意識して「ここ一番で効くお話」をします。1つ目は，実際に机と椅子がそろっていない状態の写真を提示することです。写真によって客観視することで，机と椅子の美しくない状態に自分で気付くことができるようにします。その際，机と椅子の姿が自分の心の姿という視点を提示し，美しい状態をイメージできるようにすることで，美意識を高めていきます。2つ目は，みんなでそろえる活動を語りの中に組み込んだ上で，教師自身もそろっているかどうか確認することです。そろえ方を確認しながら，机と椅子はそろえるのが当たり前という雰囲気づくりをしていきます。

ここ一番で効くお話

板書 つくえといすのすがた　　**提示** 机と椅子のイラスト

　みなさんは，自分が使っている机と椅子の姿を気にしたことはありますか？　いつも気にしているよという人は手を挙げてください。**挙手**

　実は，みなさんが帰った後の教室でも，先生は一人一人の机と椅子の姿を気にして見ています。なぜなら…

板書 つくえといすのすがた＝あなたの心のすがた

　その人の心の姿を表しているからです。机を見ても，椅子を見ても，その人の心が落ち着いているのか，落ち着いていないのかがよく分かります。

提示 机の向きが曲がっている写真

　机の向きがそろえられない人は，心が落ち着いていないので，姿勢が曲がってしまったり，忘れ物が多くなったりします。

提示 椅子が出しっぱなしの写真

　椅子がしまえない人も，心が落ち着いていないので，立った時に「気を付け」の姿勢ができなかったり，廊下で静かに整列できなかったりします。

板書 つくえといすをととのえる＝心をととのえる

　逆に言うと，机と椅子の姿がいつも整っているかどうか気にしていれば，自分の心が落ち着かなくなることもありません。机と椅子を整えると，自然と自分の心が整うのです。

　みなさんでやってみましょう。立ったら椅子をしまいます。起立。

演出 全員が椅子をしまったかどうか確認する

　今，自然と「気を付け」の姿勢になった人がいましたね。それは椅子をしまったことで，心が落ち着いた証拠です。

　今日みなさんが帰った後も，一人一人の机と椅子の姿を気にして見ます。いつも心を落ち着かせて過ごせるように，あなたが使う机と椅子の姿を気にしていきましょう。

対 応 学 年		
1·2年	**3·4年**	5·6年

30

机の上に物を置いたまま移動する子がいたら…
「片付けるのは机の上だけ？」

机の上に物を置いたまま移動する子の背景

　机の上に物を置いたまま移動する子に出会うことがあります。こうした子の行動には，次の２つの背景があると考えます。１つ目は，机の上だけ片付ければよいと勘違いしている状態です。こうした子に机の上を片付けるよう指示すると，急いで机の中に乱雑に物を突っ込む場合が多いです。机の上だけでなく中も片付ける大切さを伝える必要があります。２つ目は，一つ一つ片付けるべき場所と向き合う心の余裕のなさです。一度立ち止まって気持ちを落ち着かせ，見通しをもって片付け作業に集中する機会が必要です。

「ここ一番で効くお話」をする上で意識したいこと

　以上の背景を踏まえ，ここで私は次の２つを意識して「ここ一番で効くお話」をします。１つ目は，片付いていないのは机の上だけではないと示すことです。その際，机の上，机の中，ロッカーやランドセルの中，そして自分の心の中という順序で，子どもたちの意識がだんだんと自分自身の気持ちに向いていくように少しずつ示していきます。２つ目は，実際にみんなで１つずつ，自分の気持ちを落ち着かせながら片付けをする時間を設けることです。片付いた状態を見ると気持ちがよくなる体験を積みながら，いきなり全てを片付けることは難しくても，落ち着いてやれば自分も片付けられるという見通しをもたせます。それが子どもたち一人一人の心の余裕にもつながります。

ここ一番で効くお話

提示 休み時間中の子どもたちの机上を写した写真

この写真を見て，何か気付いたことがある人？ **指名**

確かに，机の上が片付いている人と，そうでない人がいますね。机の上が片付いていない人は，片付いていないのは机の上だけではないかもしれません。

提示 つくえの上だけでなく，つくえの□もかたづいていない

□に当てはまる言葉は何でしょう？ **指名**

提示 つくえの上だけでなく，つくえの中もかたづいていない

机の中がきちんと片付いていれば，机の上にどれだけ物が置いてあってもすぐに中へ入れられるので，机の上もきちんと片付けられる人になれます。

机の中が片付いていないと，机の上にある物をすぐに中へ入れられないので，机の上も片付きません。机の上より先に中を片付けないといけません。

提示 つくえの中だけでなく，▭の中もかたづける

実は，片付けないといけないのは机の上や中だけではありません。

▭に当てはまる言葉は何でしょう？ **指名**

例えば，ロッカーやランドセルがここに当てはまります。ロッカーに置いておく物やランドセルで持ち帰る物は何なのかがそれぞれはっきりとしていれば，机の中も片付き，机の上も片付きます。このように，机とロッカー，ランドセルは全てつながっているのです。

でも，一番片付けないといけないのは…

板書 あなたの心の中

あなたの心の中かもしれませんね。一つ一つの物をどこに片付けるのか，落ち着いて考えられる人は，いつも机の上をきれいに片付けられる人です。いきなり机の上を片付ける前に，机の中やロッカー，ランドセルの中…そして，あなたの心の中を片付けましょう。今日は心の中が片付いていない人はいませんか？ **演出** 子どもたちの机を一つ一つ見つめる

今からみんなで，1つずつ確かめましょう。 **演出** 片付けの時間を設ける

31

対 応 学 年

1・2年 **3・4**年 **5・6**年

机の中が汚い子がいたら…
「ドラえもんごっこをしよう」

机の中が汚い子の背景

　机の中が汚い子に出会うことがあります。こうした子の行動には，次の2つの背景があると考えます。1つ目は，その場しのぎで机の中に物をしまっている状態です。こうした子は，整頓する力や物をどこにしまっておけばよいのか判断する力が日頃から鍛えられていません。まずはこの2つの力を意識できるようにすることが必要です。2つ目は，机の中を整頓することに必要性を感じていない状態です。机の中に物がとりあえず収まっていれば何も困らないと思い込んでいるので，その後，物を取り出す時に困ってしまうといった見通しがもてるようにする必要があります。

「ここ一番で効くお話」をする上で意識したいこと

　以上の背景を踏まえ，ここで私は次の2つを意識して「ここ一番で効くお話」をします。1つ目は，ドラえもんの四次元ポケットを素材に，ドラえもんの整頓する力や判断する力に注目できる話をすることです。子どもたちにとって身近な話から語り始めることで，これまで意識したことのない力を鍛えようと意識できるようにします。2つ目は，実際に机の中から物を取り出す活動の時間を設けることです。すぐに物が取り出せないと困るといった体験を，ドラえもんになりきって楽しみながら味わうことで，自分なりに見通しをもちながら整頓する力や判断する力を鍛えていくことができます。

ここ一番で効くお話

○○（これから授業をする教科名）の授業の前に、これを見てください。 `提示`

何に見えますか？ `指名`　ドラえもんの四次元ポケットには、たくさんのひみつ道具が入っています。でも、すぐに取り出せるのはなぜでしょう？

それは、次の２つの力がドラえもんに身に付いているからです。

`板書` ①せいとん力

１つ目は、取り出したいものをすぐに取り出せるように、いつもポケットの中を整頓できる力です。読みます。さん、はい。 `斉読`　せいとん力。

`板書` ②はんだん力

２つ目は、何を取り出したらいいか素早く考え、道具を取り出す力です。これを判断力と言います。読みます。さん、はい。 `斉読`　はんだん力。

では今から、「ドラえもんごっこ」をします。みなさんの机の中のことを「机ポケット」と呼びますよ。ドラえもんになりきって、四次元ポケットからひみつ道具を出すように、机ポケットから学習道具を出してね。

ねぇドラえもん、机ポケットから、筆箱を出して。

ねぇドラえもん、机ポケットから、○○の教科書を出して。

ねぇドラえもん、机ポケットから、○○のノートを出して。

できましたか？　`演出` **全体を見渡す**　できた人は、ドラえもんに負けない「判断力」がある人ですね。でも、本当は「判断力」があるのに、１つ目の「整頓力」がないと、すぐに学習道具を取り出せませんね。

いつも机ポケットの中がきれいでいられるように、みんなで一緒に整頓しましょう。　`提示` **スモールライトの画像**　もし自分がスモールライトを当ててもらって自分の机の中に住むとして、居心地がよいと言えるなら「整頓力」がありますよ。整頓、はじめ。　`演出` **みんなで机の中を整頓する**

第４章　教室の「整理整頓」にかかわるお話　087

＊＊＊＊＊＊＊＊＊＊ **32** ＊＊＊＊＊＊＊＊＊＊

対 応 学 年
1・2年　3・4年　5・6年

服装が乱れている子がいたら…
「服はおしゃれではなく，おしゃべり」

服装が乱れている子の背景

　服装が乱れている子に出会うことがあります。こうした子の行動には，次の2つの背景があると考えます。1つ目は，自分の服は自分にしか関係がないと思っている様子です。相手意識が欠如しているので，自分の服装の状態によって見る相手がどう思うかについて考える機会が必要です。2つ目は，服は着ているだけで様々な情報を発信していると深く理解していない状態です。服がもつ情報発信力を具体的にイメージできるような工夫が必要です。

「ここ一番で効くお話」をする上で意識したいこと

　以上の背景を踏まえ，ここで私は次の2つを意識して「ここ一番で効くお話」をします。1つ目は，着せ替え人形による演出です。自分の服装の状態を見る相手の気持ちを実感できるように，人形に服を着せるならどうするかについてまず考える時間を設けます。2つ目は，「服はおしゃれではなく，おしゃべり」をキーフレーズに，具体的にどんな情報を発信しているのかを例示することです。そして，見る相手にとっても，着る自分にとっても気持ちがよくなる服装でいようと呼びかけていきます。この語りの後も，それぞれの服装の状態をお互いによく確認し，どんなおしゃべりをしているのかみんなで耳を澄ませていくようにします。もちろん，この語りを行う教師自身の服装の状態も常に正しく，お手本であり続けるべきです。

ここ一番で効くお話

|提示| 人形と複数の服の候補のイラスト

　この人形におしゃれな服を着せるなら，どれを選びますか？ |挙手|

　なるほど。人によって何がおしゃれかは違うようですね。ところでみなさんは，その人形が喜ぶようにというより，着せるあなたたちが喜ぶように服を選んで着せていますよね。服というのはもしかしたら，自分だけでなく，その服を見る相手も気持ちよくさせるものなのかもしれません。

|板書| **服はおしゃれではなく，おしゃべり**

　なぜならその服は，見る相手にいつもおしゃべりをしているからです。

|提示|

> このシミはね，朝ごはんでこぼしたしょうゆだよ。
> このボタンはね，遅刻しそうになって掛け忘れたボタンだよ。
> このシワはね，乱暴に腕を通してできたシワだよ。

　あなたの口が閉じている時も，あなたが着ている服は見る相手にずっとおしゃべりしています。でも，服装が乱れていると，こんなふうにあなたのことについてあまり良いおしゃべりはしてくれません。

|提示|

> この服にシミがないのはね，この子がいつも僕が汚れないように朝ごはんを食べてくれるからだよ。
> この服に全てのボタンが掛けられているのはね，この子が急いでいても丁寧に掛けてくれるからだよ。
> この服にシワがないのはね，この子がいつも私を優しく脱いだり着たりしてくれるからだよ。

　こんなおしゃべりをあなたの服を見る人にできるよう，服装を整えていきましょう。見る人にとっても着ている自分にとっても気持ちがいいですよ。

33

対 応 学 年
1・2年 **3・4年** 5・6年

忘れ物を繰り返す子がいたら…
「忘れごとにはしない」

忘れ物を繰り返す子の背景

　忘れ物を繰り返す子に出会うことがあります。こうした子の行動には，次の２つの背景があると考えます。１つ目は，忘れ物をする自分はダメな人間だと決めつけ，開き直ってしまっている状態です。気を付けていてもまた忘れ物をしてしまうだろうと思い込み，自分自身の成長を諦めてしまっています。まずはここを解きほぐすようにしたいです。２つ目は，忘れ物をしてしまった自分の姿を他人に知られたら恥ずかしいと萎縮してしまい，その先の自分の行動まで目を向けられていない状態です。忘れ物をすること自体が悪いのではなく，同じ忘れ物を繰り返すことが悪いと伝える必要があります。

「ここ一番で効くお話」をする上で意識したいこと

　以上の背景を踏まえ，ここで私は次の２つを意識して「ここ一番で効くお話」をします。１つ目は，あえて「忘れ物はしていい」と伝えます。忘れ物をするのは当たり前という考え方に出合うことで，忘れ物をする自分をもう一度信じてみようと思うきっかけにします。２つ目は，「忘れ物」はしていいけど，「忘れごと」にはしないように作戦を立てようと伝えることです。同じ忘れ物を繰り返さないように，今後の自分の改善策について具体的に考えられるように語りかけていきます。この語りの後に忘れ物をしている子を見かけたら，「忘れ物をした時は，同じ忘れ物をしない自分になれるチャンスだよ！」と声かけをし，一緒に改善策について考えるようにします。

ここ一番で効くお話

板書 忘れ物　**提示** 忘れ物をしている子のイラスト
したことがある人は手を挙げてください。**挙手**

提示 忘れ物はしていい
　実は，忘れ物はしていいことなのです。人生で一度も忘れ物をしたことがない人はいません。今手を挙げなかった人も，将来きっと忘れ物をします。

板書 4444854こ　2275730こ
　読みます。さん，はい。**斉読**（それぞれの数を読む。）
　左の数字は令和5年の1年間で交番に届けられた落とし物の数です。
　右の数字は令和5年の1年間で「失くしました」と報告された数です。日本人はたった1年間で合わせて650万個以上の忘れ物をしています。大人でも毎年こんなに落としたり失くしたりして忘れ物をしているのです。忘れ物をしたこと自体は落ち込まなくても大丈夫。人として当たり前ですから。

提示 忘れ物はしていいけど，☐☐☐☐にはしない
　忘れ物はしていいけど，しないでほしいことがあります。☐☐☐☐の中には何が入るでしょう？ **指名**　なるほど。ここにはこんな言葉が入ります。

提示 忘れ物はしていいけど，忘れごとにはしない
　「忘れごと」とは，忘れ物をしたことを忘れたことにするという意味です。忘れ物をしたことを忘れて，「忘れごと」にしていると，また同じ忘れ物を繰り返してしまいます。
　なぜ忘れ物をしたのか？　これからどうしたら同じ忘れ物をしなくなるのか？　「忘れごと」にせず，いつも自分で考えられる人は，自然と忘れ物をすることもなくなっていきます。それぞれの作戦を考え続けていきましょう。

演出 自分にとって忘れ物をしないための作戦をそれぞれ考える場を設ける

【参考サイト】「遺失物取扱状況（令和5年中）」警視庁

第 5 章

学校の「生活習慣」にかかわるお話

　生活習慣は家庭に限ったことではありません。学校生活上においても身に付けないといけない生活習慣はあります。あいさつや気を付けの姿勢など,それぞれの大切さについて深く理解できるような語りを繰り出したいです。

対応学年

| 1・2年 | 3・4年 | 5・6年 |

34

あいさつができない子がいたら…
「あめはすき・だ」

あいさつができない子の背景

　あいさつができない子に出会うことがあります。こうした子の行動には，次の2つの背景があると考えます。1つ目は，あいさつの意義について深く理解していない状態です。様々な視点からあいさつの目的について理解を深め，「あいさつは大事だ」と自分事として思えるようにする必要があります。2つ目は，あいさつのハードルが高いと本人が感じていることです。明るくあいさつ，目を合わせてあいさつなど，上手なあいさつの仕方は様々です。しかし，いきなり明るくあいさつすることが苦手な子もいれば，目を合わせてあいさつすることが苦手な子もいます。その子にとってスモールステップとなるあいさつの仕方を探ることが必要です。

「ここ一番で効くお話」をする上で意識したいこと

　以上の背景を踏まえ，ここで私は次の2つを意識して「ここ一番で効くお話」をします。1つ目は，「あいさつは大事だ」と思えるような素材（あいさつの語源など）を提示し，まずはあいさつの目的を意識できるような話をすることです。2つ目は，上手なあいさつの仕方を提示する一方で，自分に合ったあいさつの仕方から練習するように呼びかけることです。上手なあいさつの仕方を達成することではなく，今は自分にとって無理なく目指せる上手なあいさつの仕方を探ることに価値があると伝えます。あいさつの仕方についての細やかな指導は，この語りの後に少しずつ丁寧に行っていきます。

094

ここ一番で効くお話

[板書] あいさつ　あいさつが大事だと思う人？ [挙手]　なぜ，大事なのでしょう。[指名]　あいさつは「短い会話」と言われるほど，いろいろな人と仲良くなるために大事なことです。

[板書] 挨拶　あいさつの「挨」には心を開く，「拶」には相手に近づくという意味があるとも言われています。あいさつをすると，相手に近づき，仲良くなれるのです。

あいさつが上手にできる自信がある人は，手を挙げてください。[挙手]

[提示] あ・め・は・す・き

あ…あかるく，えがおで
め…めをみて
は…はきはき，大きなこえで
す…すぐに，さきに
き…きもちをこめて

こんなあいさつが，上手なあいさつと言われています。でも，「あ・め・は・す・き」でなくてもいいのかもしれません。

[提示] 4歳の男の子があいさつをしているイラスト

「恥ずかしいから僕はあいさつができない」と言う4歳の男の子が，ある日，勇気を出して小さな声で友達にあいさつをしました。「どうしてできたの？」と聞くと，「あいさつが大事なのは分かるから」と答えました。「あ・め・は・す・き」ではないですが…この子のあいさつをどう思いますか？

[指名]　「あ・め・は・す・き」には，実は続きがあります。

[板書] だ…大事だと分かっている

それは，あいさつが大事だと分かっているということです。あめはすきでなくても，あめはすき「だ」と思い，まずは自分のできるあいさつをしたらよいのではないでしょうか。4歳の男の子でも，自分なりのあいさつができました。あなたたちもきっと，それぞれ今よりもっと良いあいさつができるはずです。もうあいさつが大事だと分かっているのですから。

第5章　学校の「生活習慣」にかかわるお話

35

対応学年
1・2年 **3・4年** 5・6年

気を付けの姿勢ができない子がいたら…
「気持ちを付ける」

気を付けの姿勢ができない子の背景

　気を付けの姿勢ができない子に出会うことがあります。こうした子の行動には，次の2つの背景があると考えます。1つ目は，ただ先生の指示に従って気を付けの姿勢をしている状態です。そもそも気を付けの姿勢にはどんな意味があるのか深く考える機会があると，自分事として姿勢を正すことができるようになります。2つ目は，気を付けの姿勢を正すことが，他の全ての姿勢を正すことにつながっているという見通しをもっていない状態です。

「ここ一番で効くお話」をする上で意識したいこと

　以上の背景を踏まえ，ここで私は次の2つを意識して「ここ一番で効くお話」をします。1つ目は，「気を付け＝気持ちを付ける」をキーワードに，気を付けの姿勢は人々が注意を払う姿を意味し，失敗やトラブルを未然に防ぐための態度であると伝えることです。2つ目は，実際に気を付けの姿勢をしてから座ると姿勢が良くなることを実感できる演出を挟みながら，「気を付けの姿勢は，他の全ての姿勢を良くするための準備」と価値づけることです。実際に子どもたちと一緒にやってみながら，気を付けの姿勢をする良さを実感できるようにしていきたいです。この語りの後に，「では今から，みんなで一緒に気持ちを付けてごらん」と呼びかけていってもよいでしょう。日頃から子どもたちの気持ちと姿勢がつながる声かけを意識します。

ここ一番で効くお話

　全員起立。今，どんな姿勢で立っていますか？
板書 きをつけ　**提示** 「気を付け」の姿勢のイラスト
　この姿勢になっている人は座ってください。なっていない人は，「気を付け」の姿勢をしてから座ってください。
演出 全員が着席するまで待つ
板書 気を付け＝気もちを付ける
　「きをつけ」は，漢字で「気を付け」と書きます。失敗やトラブルが起きそうな時，「気を付けて！」と思いますよね。「気を付け」の姿勢は，失敗やトラブルが起きないように注意して慎重に気持ちを付けていこうという意味なのです。姿勢が悪いと起きそうな失敗やトラブルとは何でしょう？ **指名** 字を上手に書けなかったり，先生や友達の話を聞き逃したり…などですね。
　全員起立。今，自然と「気を付け」の姿勢になっていますか？　特に指先に気持ちを付けてみてください。まっすぐ伸びた指先で自分の体を支えるようなイメージです。すると，背筋もピンッと伸びます。その「気を付け」の姿勢をなるべく崩さないように注意して，ゆっくりと座ってみてください。
板書 「きをつけ」→すわるしせい
　座った後の姿勢も背筋がピンッと伸びている人は，立っている時上手に「気を付け」の姿勢ができた証拠です。
板書 「きをつけ」→すわるしせい→書くしせい→聞くしせい→立つしせい
　座る姿勢だけでなく，書く姿勢，聞く姿勢も自然と良くなります。
　「気を付け」の姿勢は，他の全ての姿勢を良くするための準備でもあるのです。もう一度，全員起立。またこうやって立つ時にも，自然と姿勢が良くなります。いつも「気を付け」の姿勢ができる人は，こうやって失敗やトラブルが起きないように注意して慎重に気持ちを付けられる人です。
演出 全員が「気を付け」の姿勢で立っていることを確認する
　一人一人の気持ちが付いている今の姿，とてもかっこいいですよ。

36

対 応 学 年
1・2年 **3・4年** 5・6年

ハンカチで手を拭かない子がいたら…
「一番きれいな手でいられる方法」

ハンカチで手を拭かない子の背景

　ハンカチで手を拭かない子に出会うことがあります。こうした子の行動には，次の2つの背景があると考えます。1つ目は，ハンカチで手を拭かないことがどれだけいけないことなのか，深く理解していない状態です。そこで，ハンカチで手を拭かないとたくさんの菌が繁殖してしまって大変なことになると見通しをもつ工夫が必要です。2つ目は，ハンカチを取り出す面倒くささを感じており，ハンカチ以外の方法で手を拭いたり乾かしたりすることに慣れてしまっている状態です。こうした子にはハンカチで手を拭くのが一番良い方法だと気付かせることが必要です。

「ここ一番で効くお話」をする上で意識したいこと

　以上の背景を踏まえ，ここで私は次の2つを意識して「ここ一番で効くお話」をします。1つ目は，実際の実験結果をもとに，ハンカチで手を拭かないとどれだけの菌が繁殖するのかを視覚的に提示することです。ハンカチで手を拭かないと自分の身に起こる危険について，子どもたちに強く印象づけることができます。2つ目は，ハンカチで手を拭くことが「一番きれいな手でいられる方法」として価値づけることです。そうすることで，ハンカチを取り出す面倒くささではなく，自分の手を最もきれいに保つ方法に注目して，自分から進んでハンカチを取り出そうと思えるようにします。

098

ここ一番で効くお話

みなさんの中で、今朝はパンを食べてきたという人？ 挙手

なるほど。ちょっと今から見たら嫌な気持ちになると思うパンを見せるので、注意して見てくださいね。6枚のパンを一気に見せます。せーの、はい。

提示

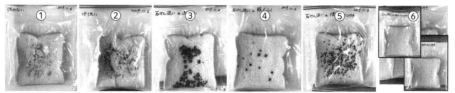

【出典】「令和元年度保健委員会活動報告」館林市立第十小学校児童保健委員会

これは、ある小学校がパンに自分の手をこすりつけて、その後どのように菌が繁殖するのかを調べた結果です。どれが一番きれいなパンなのか、なぜきれいなのかを考えながら1つずつ見ていきましょう。

①は洗わない手でこすったパンです。汚くなるのは当たり前ですよね。②は水洗いした手でこすったパンです。石鹸を使っていないと菌が繁殖しますよね。でも、③を見てください。たとえ石鹸を使って洗っても、その手を拭かないとこんなに菌が繁殖してしまうのです。実は手を拭かないと、手を洗わない時よりも手の中から菌が外に出てきて、むしろ菌だらけになっているという研究結果もあります。④は服で拭いた手でこすったパンです。服には空気中の菌が付いているので、その服で手を拭くと菌が付いてしまいます。⑤は洗濯をしていないハンカチで拭いた手でこすったパンです。きれいなハンカチで拭かないと、きれいな手にはならないですね。

板書 一番きれいな手でいられる方法

⑥のようにきれいなハンカチをポケットに入れておき、石鹸で手を洗ったらすぐに取り出して拭く。これが一番きれいな手でいられる方法なのです。昔の人は、ポケットに懐中時計という生活に欠かせないものを入れていました。今のみなさんの生活には、きれいなハンカチが欠かせません。

第5章　学校の「生活習慣」にかかわるお話　099

	対 応 学 年

37

指示されたことしかできない子がいたら…
「次，先生はみんなに何と言うでしょう？」

指示されたことしかできない子の背景

　教師から指示されたことしかできない子に出会うことがあります。こうした子の行動には，次の３つの背景があると考えます。１つ目は，自分で考える経験の乏しさです。いつも大人に答えを用意してもらってきた子は，自分で考える経験が不足しています。２つ目は，自分で考えるよりも先生に聞いた方が早いと思い込んでいる状態です。先生に質問すれば何でも答えを教えてくれるという考え方を転換する必要があります。３つ目は，指示通りに動く方が楽だとイメージしていることです。こうした子には，指示なしで自分で考えて動く良さについて考える機会が必要です。

「ここ一番で効くお話」をする上で意識したいこと

　以上の背景を踏まえ，ここで私は次の３つを意識して「ここ一番で効くお話」をします。１つ目は，自分の考えを答えることができるのは，人間にしかできないことであると伝えることです。アレクサを例に，人間とロボットを対比させます。２つ目は，指示待ち人間から脱する感覚を味わえるような小さな体験を語りの中に組み込むことです。先生の心を読んで行動することから，自分で考える良さに迫ります。３つ目は，指示通りでないことを考えるのは大変だけど，あなただけの良い挑戦になると伝えることです。語りの後も子どもたちの挑戦をそれぞれ応援する声かけをしていきます。

ここ一番で効くお話

提示 アレクサを連想するイラスト

　先生のおうちにいるアレクサは、音楽を流してくれたり、天気を教えてくれたりします。最近のロボットの進化はすごいですね。指示したことに何でも答えてくれそうです。でも、ロボットには絶対に答えることができないものがあります。それは何だと思いますか？ **指名**

板書 自分の考え

　それは、自分の考えです。一般的な考えや情報を答えることはできても、自分なりに考えて答えを出すことは、人間にしかできないのです。

板書 指示待ち人間　×

　でも、人間にもロボットのように自分の考えを答えられず、指示してくれる人の言葉を待ってから答える人がいます。これを指示待ち人間なんて言います。みなさんにはこんな人間になってほしくありません。

　指示は待つものではなく、なくすものです。どうしたらなくしていけるのでしょうか。ちょっとやってみましょう。

　今からこの後の授業で使うプリントを配ります。**演出** プリントを配る

　（配った後で）**提示** 次、先生はみんなに何と言うでしょう？

　次、先生はみんなに何と言うでしょう？ **指名**

　答えは、「名前を書きましょう」です。当たりましたか？

　言われなくても名前をすでに書いている人は、自分で考えて「名前を書いた方がいい」と答えを出したということです。こうやって先生の指示をなくしていってください。指示がないと動けない人にはなってほしくありません。そんな人たちは、先生がいないと生きていけない人になってしまいます。あなたの考えは、あなたの頭を使い、あなただけの答えを出していくのです。大変なことですが、きっと良い挑戦になります。応援していますよ。

第5章　学校の「生活習慣」にかかわるお話　　101

38

対 応 学 年
1・2年　3・4年　5・6年

野次馬根性が働く子がいたら…
「野次馬っ子は，おやじ馬」

野次馬根性が働く子の背景

　野次馬根性が働く子に出会うことがあります。こうした子の行動には，次の2つの背景があると考えます。1つ目は，自分がどんな時に野次馬根性が働いてしまうのか理解していない状態です。野次馬根性は様々な心理的要因で起こります。同じ野次馬根性が働いている様子でも，その要因は子どもによって違うのです。2つ目は，野次馬根性が働くことによって自分の時間が無駄になってしまうイメージができていない状態です。自分の行動次第で，大切な時間を失うことにもなるという見通しがもてるような工夫が必要です。

「ここ一番で効くお話」をする上で意識したいこと

　以上の背景を踏まえ，ここで私は次の2つを意識して「ここ一番で効くお話」をします。1つ目は，野次馬根性が働く心理的要因を8つに分けて示し，自分に合った対応方法を選ぶようにすることです。その際，心理的要因を擬人化して愛着をもたせ，子どもにとって分かりやすい内容で対応方法を提示するようにします。「野次馬根性がダメ」と一方的に否定するのではなく，「この方法なら野次馬根性を我慢できそうだから試してみよう」と前向きに自分自身と向き合えるように導きます。2つ目は，年老いた馬のイラストを提示し，自分の時間が無駄になる様子を具体的にイメージできるようにすることです。野次馬の語源である「おやじ馬」から考案しました。

ここ一番で効くお話

提示 野次馬のイラスト

　この人たちのように，何かいつもと違うことが起きるとすぐに見に行きたくなって集まってしまう人は手を挙げてください。**挙手**

板書 やじうま

　自分に無関係なことで，人の尻にくっついて，面白半分に騒ぎ回ることを「野次馬」と言います。今から8人の「野次馬っ子」を紹介します。自分もそんな気持ちになってしまうことがあると思ったら手を挙げて，そうならない方法を考えてみてくださいね。

提示 右スライド

　1人目の「きになる！」くんへ。気にせず，目の前のことに集中しましょう。2人目の「もっとしりたい！」さんへ。実はもっと知るべきことがあるはずです。3人目の「自分のことかも！」くんへ。あなたとは関係ありません。4人目の「おもしろそう！」さんへ。あなたに見せるものではありません。5人目の「ワクワクする！」くんへ。見に行っても別に楽しくないから落ち着いてね。6人目の「だいじょうぶ？」さんへ。あなたが心配しなくても解決するから安心して。7人目の「みんないるから！」くんへ。お互いに助け合っているこっちのみんなと一緒に過ごそう。8人目の「だれかにしらせたい！」さんへ。他に知らせる人がいるから大丈夫です。

板書 おやじうま　**提示** 年老いた馬のイラスト

　実は「野次馬っ子」たちは，子どもではありません。野次馬は，「おやじ馬」から生まれた言葉で，元々は年老いた馬という意味です。そのにんじんを食べている間に，自分のやるべきことを見失って無駄な時間を過ごすような年老いた馬である「おやじ馬」にはならないでくださいね。

第5章　学校の「生活習慣」にかかわるお話

対 応 学 年

39

1・2年　3・4年　5・6年

行事にやる気のない子がいたら…
「3つの体験を味わえる」

行事にやる気のない子の背景

　行事にやる気のない子に出会うことがあります。こうした子の行動には，次の2つの背景があると考えます。1つ目は，行事でしか味わえない体験について，解像度高く言語化して整理できていない状態です。ただ何となくいつもとは違うイベントといった捉えでは，主体的に参加する態度にはなりません。そこで，教師側が分かりやすく言語化して整理する必要があります。2つ目は，行事はその時しかつくれない思い出であり，全ては一期一会だという実感をもてていない状態です。そこで，行事が開かれる「今」に注目し，今しかできないことを強調して伝える必要があります。

「ここ一番で効くお話」をする上で意識したいこと

　以上の背景を踏まえ，ここで私は次の2つを意識して「ここ一番で効くお話」をします。1つ目は，行事でしか味わえない体験を「①本物体験」「②仲間体験」「③感動体験」の3つに整理して提示することです。子どもたちにとってこれまで解像度高く言語化していなかった体験について深く知ることで，行事の価値を再認識するきっかけとします。2つ目は，年間の授業回数と対比させながら，行事を「忘れられない学校生活の思い出」と価値づけることです。先ほどの3つの体験が根拠となり，行事が開かれる今だからこそつくれる思い出に目を向けられるように語りかけていきます。

104

ここ一番で効くお話

板書 学校生活の思い出

みなさんの学校生活の思い出を1つ教えてください。**指名**

なるほど。運動会や修学旅行など,授業よりも行事ごとが多いですね。1年間で数えると,授業の方がはるかに回数が多くて思い出にも残りそうなのに,行事の思い出ばかり残っているのはなぜなのでしょう？

それは,行事でしか味わえない3つの体験があるからなのです。

板書 ①本物体験

1つ目は,本物体験です。実際にその場所へ行ったり,その人に会って話を聞いたり,実物を触ってみたりするのは行事ならではの本物体験と言えるでしょう。授業中に教科書やインターネットで調べるだけでは物足りない体験が,行事なら味わえるのです。

板書 ②仲間体験

2つ目は,仲間体験です。学級の仲間だけでなく,学年全体や学校全体で動くこともあるのが行事ならではの仲間体験と言えるでしょう。授業中は学級の仲間と学び合うことがほとんどですよね。でも行事なら,仲間の範囲をもっと広げて,自分にかかわる全ての人たちと仲間体験ができるのです。

板書 ③感動体験

3つ目は,感動体験です。例えば,運動会に向けて一生懸命練習してきたことを本番でやり切ることができた時の感動は,誰しも忘れられませんよね。行事に向けても,行事の間も,行事の後も,感動は次々と生まれていきます。こうした普段の授業では出合えない感動に出合うことができるのです。

行事にやる気のない人は,こうした3つの体験を思い切り味わいつくすことができずに時間が過ぎ去ってしまうもったいない人たちです。

「この行事の本物体験,仲間体験,感動体験はそれぞれ何だろう？」とまずは考えてみると,やる気も湧いてくるはずです。どの行事もきっと,みなさんにとって「忘れられない学校生活の思い出」となるはずです。

40

対応学年

1・2年 | 3・4年 | 5・6年

必要以上に緊張している子がいたら…
「どうしよう？より，どうなる？」

必要以上に緊張している子の背景

　必要以上に緊張している子に出会うことがあります。こうした子の行動には，次の2つの背景があると考えます。1つ目は，自分が緊張している状態を悪いことだと思い込んでいる状態です。こうした子は，緊張している自分を過度に責めるようになり，ますます緊張と向き合うのが辛くなります。2つ目は，緊張と向き合う時のマインドセットができていない状態です。緊張とどのように向き合えばよいのかを知る機会が必要になります。

「ここ一番で効くお話」をする上で意識したいこと

　以上の背景を踏まえ，ここで私は次の3つを意識して「ここ一番で効くお話」をします。1つ目は，緊張している自分をジェスチャーで表現する機会をつくることです。みんなで一緒に「緊張してドキドキする気持ち」を表現することで，緊張している自分を俯瞰することができます。2つ目は，緊張するのは悪いことではなく，当たり前のことであると明確に伝えることです。さらに，「緊張そのものではなく，緊張が悪いことだと思い込んで気持ちがいっぱいになってしまうことが悪い」という視点を提示します。3つ目は，「どうしよう？」よりも「どうなる？」を合言葉として提示することです。こうした合言葉をもち合わせていることで，子どもたちにとって暗示の言葉となり，緊張と向き合う時のマインドセットがしやすくなります。

106

ここ一番で効くお話

|板書| ドキドキ

みんなで読みます。さん、はい。

|斉読| ドキドキ。

|提示| ドキドキしている様子のイラスト

このイラストのように、ドキドキする気持ちをジェスチャーで表してごらん。真似をしてもいいですよ。全員起立。はい、はじめ。

|演出| ドキドキする気持ちをジェスチャーで表してみる時間を設ける

|板書| きんちょう→ドキドキ

ドキドキする気持ちは、緊張しているということです。

緊張するのは良くないと思っている人？ |挙手| でもね、緊張は悪いことではありません。今まで自分がやったことのない挑戦をする時に、緊張するのは人として当たり前ですし、自然なことです。良くないのは緊張することではなく、緊張が悪いことだと思い込んで、ドキドキという気持ちでいっぱいになってしまうことなのです。

|板書| きんちょう→ウキウキ

緊張するのは、自然なこと。だからドキドキではなく、ウキウキな気持ちにつなげていきましょう。すると、緊張は自分にとって心の味方になります。そのために、いざという時は心の中でこうつぶやいてみてください。

|提示| 「どうしよう？」よりも「どうなる？」

みんなで読みます。さん、はい。

|斉読| 「どうしよう？」よりも「どうなる？」

緊張した時には、「どうしよう？」とドキドキするのではなく、「どうなる？」とウキウキする人であってください。これからもそうやって緊張を楽しみ、どんどんウキウキしていきましょう。

41

対応学年
1・2年 3・4年 5・6年

敬語が使えない子がいたら…
「先生は最高の練習相手」

敬語が使えない子の背景

　敬語が使えない子に出会うことがあります。こうした子の行動には，次の2つの背景があると考えます。1つ目は，敬語を使わなくても困らないと思い込んでいる状態です。敬語を使わないでいると，敬語を使えない大人になります。そうなった時，具体的にどんな困りごとが生まれるのかについて考える機会を設ける必要があります。2つ目は，敬語は国語の授業の中だけで習うものだと勘違いしている状態です。何年生だろうと，日頃から練習できるものと伝える必要があります。さらにその練習相手として，目の前に私たち教師がいることを印象づけて語るようにしたいです。

「ここ一番で効くお話」をする上で意識したいこと

　以上の背景を踏まえ，ここで私は次の2つを意識して「ここ一番で効くお話」をします。1つ目は，敬語を使わないことで起こる具体的な困りごとの提示です。ここでは，叱責や失職，離婚などを取り上げる一方で，「自分が本当に尊敬している人に出会えても，上手く気持ちを伝えられない」といった点も困りごととして挙げています。2つ目は，敬語は日頃から練習できるものと位置づけた上で，「先生は最高の練習相手だから，詳しいやり方はいくらでも教えます」と伝えることです。いつでも目の前に練習相手がいるという安心感を与え，自分から進んで敬語を実践する態度を養います。

108

ここ一番で効くお話

提示

・ものすごくおこられた　・その人といっしょにすごせなくなった

これは，あることができなくて実際に起きた話です。さらに言うと…

提示

・しごとができなくなった　・けっこんができなくなった
・うらまれていやがらせをされるようになった

こんな話もあります。いったい何ができなくて起きた話なのでしょう。

板書 ○○が使えない人

　○の中には何が入ると思いますか？ **指名**　なるほど。小学校では５年生の国語の授業で習う言葉の使い方ですね。

板書 敬語が使えない人

　敬語，みなさんは使えているでしょうか。習うのは５年生ですが，何年生でも日頃から使ってほしい言葉です。なぜなら，将来あなたたちが敬語を使えないからという理由で，こんな目に遭ってほしくはないからです。でも，敬語は何だか難しそうだという人？ **挙手**　安心してください。目の前に最高の練習相手がいるではないですか。いったい誰のことでしょう？ **指名**

板書 先生は最高の練習相手

　そう，先生たちです。先生は，大人の中でも一番子どもに優しい大人たちと言えるでしょう。敬語を上手く使えない時も，いきなりこんな反応はしません。どうやって言えば良かったのか，みなさんにどんどん教えます。

板書 敬語＝そんけいする人へ使う言葉　**提示** 尊敬している様子のイラスト

　敬語は，尊敬する人へ使う言葉です。自分が本当に尊敬している人に出会えた時，敬語が使えなかったらその気持ちが伝わりません。そうならないように，最高の練習相手である先生たちでどんどん練習してください。

第５章　学校の「生活習慣」にかかわるお話

42

対応学年 1・2年 3・4年 5・6年

歌を真剣に歌わない子がいたら…
「心の音叉で共鳴しよう」

歌を真剣に歌わない子の背景

　歌を真剣に歌わない子に出会うことがあります。こうした子の行動には，次の2つの背景があると考えます。1つ目は，みんなで歌を真剣に歌うと気持ちがよいという経験が不足している状態です。身をもって体験したことがある人ほど，真剣に歌う意義について深く理解しています。2つ目は，みんなで真剣に歌うという行為だけに目が向いている状態です。その先にある，一緒に歌うみんなと心がそろう価値に意識が向くようにする必要があります。

「ここ一番で効くお話」をする上で意識したいこと

　以上の背景を踏まえ，ここで私は次の2つを意識して「ここ一番で効くお話」をします。1つ目は，みんなで歌を真剣に歌うと気持ちがよくなることを疑似体験するために，音叉が共鳴する様子を提示することです。一人一人が真剣に歌を歌っていくと，だんだんときれいな歌声が周りの人へと波及していくことが具体的にイメージできるのではないでしょうか。その際，「心の音叉」をキーワードにして子どもたち自身が歌を真剣に歌う意義について言語化できるようにします。2つ目は，真剣に歌うことだけでなく，一緒に歌う仲間と心がそろうことに目を向けられるよう語りかけることです。その際，「歌が上手く歌えない＝真剣に歌えない」と勘違いしている子に向けて，歌はみんなで一緒に上手くなるという視点を提示するようにします。

110

ここ一番で効くお話

提示 音叉

　ここに2つの音叉があります。音叉とは，金属でできた道具で，たたくと音が出ます。1つの音叉を軽くたたくと，「ブーン」と音が出ます。この音は，もう1つの音叉にも伝わり，「ブーン」と同じ音を出します。これを「共鳴」と言います。　**板書** 共鳴＝共に鳴らす

　では，仲間と一緒に音を共に鳴らす音叉の様子を見てみましょう。

演出 2つの音叉が共鳴する様子を動画や実演で見せる

板書 心のおんさ　読みます。さん，はい。　**斉読** 心のおんさ。

　みなさんの心にも，音叉のようなものがあります。

提示 A「まっすぐ大きな音叉」の絵とB「曲がった小さな音叉」の絵

　真剣に歌を歌うと，「心の音叉」がまっすぐに伸び，大きくなります。この大きな「心の音叉」は，他の人の「心の音叉」と共鳴し，一緒に美しい歌声を響かせることができます。みんなの心が1つになるのです。でも，真剣に歌わないと，「心の音叉」が曲がって小さくなってしまいます。小さな「心の音叉」は，他の人の「心の音叉」と共鳴できず，バラバラな音になります。だから，みんなの心が1つになりません。

板書 心のおんさを，まっすぐに

　歌は1人だけで上手くなるのではなく，仲間と一緒に真剣に歌い続け，一人一人の「心の音叉」を共鳴させていくことで少しずつ上手くなっていくものです。あなたのためにも，一緒に歌う仲間たちのためにも，ここにいる全員が「心の音叉」をまっすぐに，歌と真剣に向き合ってみてください。

第5章　学校の「生活習慣」にかかわるお話　111

43

対 応 学 年

1·2年 | 3·4年 | 5·6年

給食中の食事マナーが悪い子がいたら…
「一緒に食べたい人は，一緒にいたい人」

給食中の食事マナーが悪い子の背景

　給食中の食事マナーが悪い子に出会うことがあります。こうした子の行動には，次の２つの背景があると考えます。１つ目は，自分が食べたいように食べ，周りの人からどう見られるかお構いなしといった考え方です。こうした子は，給食時間は自分だけの時間だと捉える傾向にあります。そこで，一緒に食べる人たちとの共有時間であると示す必要があります。２つ目は，単純に食事マナーを知らない状態です。今回の語りでは，この食事マナーの具体的な内容についての指導は行わず，実際の給食時間に行いたいと思います。

「ここ一番で効くお話」をする上で意識したいこと

　以上の背景を踏まえ，ここで私は次の２つを意識して「ここ一番で効くお話」をします。１つ目は，「一緒に食べたい人」とはどんな人なのかについて考える問いかけです。「食べ方が上手な人＝一緒に食べたい人」という視点を提示することで，相手意識をもたせます。２つ目は，「一緒に食べたい人は，一緒にいたい人」というキーフレーズの提示です。食べる行為そのものだけでなく，一緒にいてほしいと思ってもらえる人としての在り方についても考えられるように語りかけることで，さらに相手意識をもたせます。こうして，給食時間は一緒に食べる人たちとの共有時間であると示し，食事マナーの具体的な内容についての指導へとつなげます。

ここ一番で効くお話

提示 左のイラスト

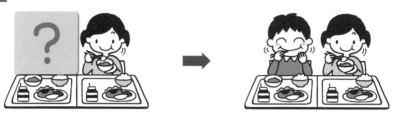

　この女の子は今，何をしているところですか？ 指名
　そうですね。給食を食べています。隣の席に男の子がいるのですが，どんな顔をして食べていると思いますか？ 指名
提示 右のイラスト
　どうして，こんなにもニコニコして食べているのでしょう？　その理由は，隣の席の女の子の食べ方にあります。この女の子の食べ方で気付いたことがある人は教えてください。 指名　確かに姿勢も良く，左手でお椀を持ち，右手で箸を使って丁寧に食べていて，食べ方が上手ですよね。
板書 食べ方が上手な人は，いっしょに食べたい人
　食べ方が上手な人は，隣の席の人にとって一緒に食べたい人になれます。
　逆に，食べ方が上手でない人は，一緒に食べたくない人になってしまいます。姿勢が悪かったり，両手を使っていなかったり，食べ物で遊んだり…
　あなたたちは今，隣の席の人から一緒に食べたい人だと思ってもらえているでしょうか。自信がある人は手を挙げてください。 挙手　自信のない人は，これから自分の食べ方を見直すチャンスかもしれませんね。
板書 いっしょに食べたい人は，いっしょに□□□人
　□□□にはどんな言葉が入るでしょう。ひらがな3文字です。
板書 いっしょに食べたい人は，いっしょにいたい人
　毎日この人と一緒に食べたいと思ってもらえる人は，毎日この人と一緒にいたいと思ってもらえる人になれます。そんな人になれるといいですね。

第5章　学校の「生活習慣」にかかわるお話　113

	対 応 学 年		
44	1・2年	3・4年	5・6年

体調管理が苦手な子がいたら…
「自分説明書をつくろう」

体調管理が苦手な子の背景

　体調管理が苦手な子に出会うことがあります。こうした子の行動には，次の2つの背景があると考えます。1つ目は，先生に報告して終わりだと勘違いしている状態です。先生が何でもかんでも助けてくれるという思い込みから脱け出し，「自分の体は，まず自分で守る」という考え方を身に付ける必要があります。2つ目は，自分の体調について詳しく説明する方法を知らない状態です。こうした子は，いざ体調を崩して保健室に行っても自分の身に起きていることを1人で説明できません。そこで，どうやって話したら自分の体調について詳しく説明することができるのかを教える必要があります。

「ここ一番で効くお話」をする上で意識したいこと

　以上の背景を踏まえ，ここで私は次の2つを意識して「ここ一番で効くお話」をします。1つ目は，「先生に報告するだけでは，自分の体を自分で守ることはできない」と明確に伝えることです。それまで先生を主語にして何でもかんでも助けてもらおうと受け身だった子どもたちの考え方を，自分を主語にして主体的に体調管理をしようという考え方へ転換できるようにします。2つ目は，「自分説明書」をキーワードに，自分の体調について詳しく説明するための視点を分かりやすく示すことです。今回の語りでは，「い・つ・も・ど・お・り」を頭文字に，6つの視点を提示しています。

114

ここ一番で効くお話

提示 おなかがいたい　あたまがいたい　だるい　けがをした

　この中で，1つでも自分の体に起きたことがある人は手を挙げてください。

挙手　この4つだけでなく，他にもいろいろなことが毎日起きていますよね。その時，先生のところへ来て伝えて終わりの人がいます。今起きていることについて先生に伝えることはとても大切なことです。でも，それだけでは自分の体を自分で守ることはできません。

板書 じぶんせつめいしょ→じぶんの体をじぶんでまもる

　自分の体のことを一番に分かってあげないといけない人は，自分自身です。だからこそ，「自分説明書」をつくることができるぐらいにならなければなりません。すると，落ち着いていつも通り過ごすことができます。

提示 自分説明書のイラスト

　それはいつ起きやすいことですか？　朝か昼か夜か。毎日か週に1回か。使ったものは何ですか？　体温計？　絆創膏？　もしまたなったらどうしますか？　次はもっとこう動こうというものを見つけましょう。

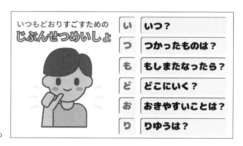

どこに行きますか？　保健室へ行く前に行ってみるところは多くあります。例えば，お腹が痛い時はトイレに行ってみるなどです。そうしているうちに，自分の体に起きやすいことは？の答えが分かってきます。例えば，自分はお腹が痛くなりやすい，などです。すると，理由は何か？も説明できるようになり，自分の体のことがよく分かっていきます。こうして，「いつもどおり」過ごすための「自分説明書」は完成します。「自分説明書」をつくり，いつでも自分の体について説明できる人は，どんなことが起きても落ち着いていつも通り過ごすことができます。まずは自分の体を自分で守れるようになりましょう。

第6章

子どもの「学習」にかかわるお話

　学習についての語りは毎日したいくらいです。なぜなら，子どもたちは毎日学習しに学校へ通っているからです。特に授業中においてここ一番な局面に出合ったら，子どもたちの学習観を育むような語りを繰り出したいです。

対 応 学 年

45

1・2年 3・4年 5・6年

テストの点数に一喜一憂する子がいたら…
「本当のテストの結果」

テストの点数に一喜一憂する子の背景

　テストの点数に一喜一憂する子に出会うことがあります。こうした子の行動には，次の2つの背景があると考えます。1つ目は，他人と比べてしまっている状態です。こうした子は，100点を取ったのは誰なのかいつも気にしています。テストの点数は自分自身の学習到達度を振り返るためのものという本来の目的を伝える必要があります。2つ目は，その時の点数しか見ていない状態です。前回までの点数は覚えておらず，過去と比べる意識も低いと言えます。一つ一つの点数を比べながら，自分自身を分析できるようにしたいです。

「ここ一番で効くお話」をする上で意識したいこと

　以上の背景を踏まえ，ここで私は次の2つを意識して「ここ一番で効くお話」をします。1つ目は，テストの点数は自分自身の学習到達度を振り返るためにあると伝えることです。その際，周りの人の点数は気にせず，自分自身と向き合うことを重視できる人こそ賢くなれると価値づけます。2つ目は，テストの結果を点ではなく線で見るよう伝えることです。その時の点数だけを見るのではなく，前回の結果と常に比べながらテストの点数に向き合うように促すことで，たった一度のテストで一喜一憂するような考え方の転換を図ります。この語りをきっかけに，テストの点数を毎回自分で記録し，分析する習慣を身に付けるための指導をしても効果的でしょう。

118

ここ一番で効くお話

　突然ですが、賢い人になりたい人は手を挙げてください。 挙手

　ある日のテストで、Aくんは60点を取り、Bさんは100点を取りました。AくんとBさんは、どちらが賢いと言えますか？ 指名

　そうですね。100点を取ったBさんの方が賢そうですよね。でも、今まで受けたテストの結果がこうだったらどうでしょう？

 提示
| Aくん　前回：100点　今回：60点 |
| Bさん　前回：40点　今回：100点 |

　前回はAくんの方が賢かったのでしょうか。こうやって2人の今までのテストの点数を見ていくと、簡単にどちらが賢いと言うことはできません。

　なぜなら、そこには2つの勘違いがあるからです。

 板書 ①他人とではなく、自分とくらべる

　1つ目は、テストの結果を他人と比べるという勘違いです。そうではなく、今までの自分と比べるものなのです。本当に賢い人は、他人と比べるのではなく、今までの自分と比べられるかどうかで決まります。

 板書 ②点数×　線数○

　2つ目は、テストの結果は点だという勘違いです。そうではなく、今までの点と比べた線なのです。例えば、ひき算をすると、Aくんは－40点となり、「40点下がった」という結果が出ます。たし算をすると、Aくんは160点となり、「今まで160点取った」という結果が出ます。こうやって点ではなく、線で見るのです。だから、今回のテストの点だけを見てはいけません。

　こうした2つの勘違いをしたまま、その時だけのテストの結果を友達と教え合い、喜んだり悲しんだりしているのは、賢い人とは言えません。

 板書 本当のテストの結果

　自分の本当のテストの結果を、自分の目できちんと確かめてください。

　そうすればきっと、ここにいる全員がそれぞれ賢い人になれるはずです。

対 応 学 年
1・2年 **3・4年** **5・6年**

46

感想や振り返りを１行で提出する子がいたら…
「頭の中の海にもぐろう」

感想や振り返りを１行で提出する子の背景

　授業の感想や振り返りを１行だけ書いてすぐにワークシートやノートを提出する子に出会うことがあります。こうした子の行動には，次の３つの背景があると考えます。１つ目は，書くことに苦手意識をもっており，面倒くさい気持ちを抱えている状態です。書くことに対する捉え方をポジティブなものへと転換する必要があります。２つ目は，感想や振り返りを書くことに価値を見出していない状態です。３つ目は，何を書いたらよいか分からない状態です。特に低学年の子からすると，自分のために書くと聞いてもピンとこない場合があります。そこで，想像しやすい相手意識をもたせたいです。

「ここ一番で効くお話」をする上で意識したいこと

　以上の背景を踏まえ，ここで私は次の３つを意識して「ここ一番で効くお話」をします。１つ目は，書くのは自分の頭の中の海にもぐるのと一緒だという比喩表現です。深くもぐらないと見えてこない景色について想像できるようにします。２つ目は，今のあなたしかできないことだと強調して伝えることです。今の自分にしかできないからこそ，真剣に書く価値があると伝えたいです。３つ目は，手紙を書く気持ちで書いてごらんと促すことです。まずは教師が相手意識の対象となり，だんだんと将来の自分へと意識を向けられるようにします。

120

ここ一番で効くお話

板書 書く

　書くことが苦手な人？　いますよね。先ほど先生は、感想や振り返りを1行だけ書いて出した人を見つけました。正直面倒くさいなぁと思う気持ちもありますよね。でもね、書くというのは、自分の頭の中の海にもぐるのと同じことなのですよ。自分が頭の中でぼんやりと考えていることは、書いて言葉に残していくとはっきりと景色になって見えてきます。次の3つのうち、みなさんはどの海の景色を見たいですか？　**提示**　**挙手**

A　　　　　　　　　　B　　　　　　　　　　C

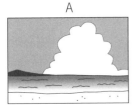 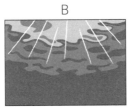 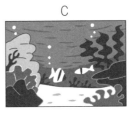

　Cのような景色を見るには、深く深くもぐらないといけません。
　書くことも同じです。1行だけ書いただけでは見えない自分の頭の中の景色があるのです。しかも、今のあなたでないとこの海にもぐることはできません。なぜなら、人は必ず忘れてしまうからです。もぐるタイミングとして一番ぴったりなのは、まだ忘れていない今なのです。

提示 手紙のイラスト

　それでも深くもぐれない人は、手紙を書くように書いてみてください。相手がいると思うと書く気になれますよね。先生はみんなが書く感想や振り返りを手紙だと思って真剣に読みます。「今日の授業で考えたことを、先生に教えよう」という気持ちで書いてみてください。でも本当は、自分に手紙を書いているのです。あなたが書いた言葉は、あなたがまず一番に目にします。すると気付くのです。あれ、自分ってこんなこと考えていたんだって。頭の中の海にもぐると、思わぬ景色が見えるかもしれません。あなたが手にしているそのえんぴつ1本と、自分と真剣に向き合う気持ちさえあれば。

第6章　子どもの「学習」にかかわるお話

47

対 応 学 年

1・2年 3・4年 5・6年

ノートの使い方が悪い子がいたら…
「本棚に入るノートに」

ノートの使い方が悪い子の背景

　ノートの使い方が悪い子に出会うことがあります。こうした子の行動には，次の２つの背景があると考えます。１つ目は，どのように使ったらノートの使い方が良いと言えるのか，深く理解していない状態です。こうした子は，自分のノートの使い方について，客観視する必要があります。２つ目は，「ノートは書いて終わり」と思い込んでいる状態です。書いた後も活用していくという意識がないため，その場では適当に書いて終わってしまいます。

「ここ一番で効くお話」をする上で意識したいこと

　以上の背景を踏まえ，ここで私は次の２つを意識して「ここ一番で効くお話」をします。１つ目は，お手本となるノートを提示し，「ぎっしり」「丁寧」「読みやすい」の３つをキーワードに，使い方が良い状態を分かりやすく示すことです。自分の使ってきたノートと見比べながら，より良い使い方について学ぶ機会とします。２つ目は，実際にノートを本棚に入れる演出を挟みながら，「ノートは読み物」であるという考え方を伝えることです。自分だけでなく，誰かにいつも読んでもらう前提でノートを使い，学んだことや自分の考えを書いていけるように語りかけます。この語りの後に，授業でお互いのノートを見合う場を設けたり，学級通信で実際に良い使い方をしている子のノートを紹介したりするのもよいでしょう。

ここ一番で効くお話

提示 お手本としたいノートの見開きページの写真

　最近，このようにノートの使い方が良くなってきた人もいれば，まだまだ使い方の悪い人もいます。ノートの使い方は，次の3つをいつも大切にしていると良くなっていきます。みなさんで一緒に確認していきましょう。

板書 ①ぎっしり　さん，はい。**斉読** ぎっしり。

　まずは，1ページにぎっしりと文章や図，絵をかけるようにしましょう。

板書 ②ていねい　さん，はい。**斉読** ていねい。

　そして，字は1マスに1文字ずつ，丁寧に書くようにしましょう。

板書 ③○○やすい

　ここまでは書く時に大切にすることでしたが，この3つ目は書いた後に大切にすることです。何がしやすいと思いますか？ **指名**　　　正解は…

板書 読みやすい　さん，はい。**斉読** 読みやすい。

　ノートの使い方が良くなってくると，読みやすいノートになります。自分で読み返したり，友達や先生に読んでもらったりするノートです。すると，教科書だけでなく，自分の書いたノートを読むことで，自分も友達もさらに賢くなれます。　**板書** ノートは書きものではなく，読みもの

　ノートは書き物ではなく，読み物なのです。

演出 教室内の本棚に，お手本として提示したノートを入れる

　他の本と一緒にこうやって本棚に入っていても読みたくなる。そんな読みやすいノートを目指しましょう。そのためにできる工夫はどんどん試してみてください。友達のノートの良いところも，どんどん真似していきましょう。きっとあなたのノートも，立派な読み物になるはずです。

　それでは今から，ぎっしり，丁寧で読みやすいノートをつくり上げながら，授業を受けますよ。授業の終わりにお互いのノートを見せ合う「ノート展覧会」を開きますから，そのつもりで自分のノートと向き合ってください。

演出 ノート指導を丁寧に行いながら授業をする

第6章　子どもの「学習」にかかわるお話

	対 応 学 年

48

勉強が嫌いな子がいたら…
「勉強の意味」

勉強が嫌いな子の背景

　勉強が嫌いな子に出会うことがあります。こうした子の行動には，次の2つの背景があると考えます。1つ目は，勉強に対してマイナスのイメージを強くもっている状態です。その最たる所以が，「勉強は他人から強制されるもの」という思い込みです。2つ目は，勉強をすることの目的について深く理解していない状態です。「そもそも勉強は何のためにするのか」について考えた経験が乏しく，日頃から目的意識をもって勉強していないのです。

「ここ一番で効くお話」をする上で意識したいこと

　以上の背景を踏まえ，ここで私は次の2つを意識して「ここ一番で効くお話」をします。1つ目は，勉強は自分から進んでやるからこそ「知る楽しみ」を味わえると伝えることです。勉強を英訳した study の語源を根拠にすることで，納得感のある語りができます。こうして勉強に対するプラスのイメージを紹介することで，もっていたマイナスのイメージを少しずつ解きほぐしていきます。2つ目は，「勉強の目的は，自分で道を切り開くためにある」と伝えることです。夢を叶えたノーベル物理学賞受賞者の益川さんが元々は勉強が嫌いな少年だったというエピソードは，勉強が嫌いと思っている子ほど勇気づけられる素材となるでしょう。こうしたエピソード素材を通して，目的意識をもって主体的に勉強する態度を価値づけていきます。

ここ一番で効くお話

板書 勉強

　正直，嫌いな人？ **挙手**　今手を挙げていない人は，今日の話を聞かなくても，すでに本当の「勉強」の意味が分かっている人かもしれませんね。手を挙げている人，安心してください。この人も勉強が大嫌いな少年でした。

提示 益川敏英さんの写真

　みなさんが生まれる少し前の2008年に，ノーベル物理学賞を受賞した益川敏英さんです。勉強が嫌いな子でも，世界的に有名な学者さんになれたのです。そんな益川さんは，本の中でこんなことを言っています（一部略）。

演出 ゆっくりと読み聞かせる

> 　人から強制される勉強は大きらい。「勉強」という言葉に「強いる」という文字が入っているのが気に入りません。先生や親にイヤイヤやらされたり，人の顔色を気にしながらしたりする勉強が，楽しいはずがありません。

　確かに，「勉強」という言葉をこうやって考えると，楽しくないですよね。

> 　それに対して，日本語の「勉強」にあたる英語の「study」の語源には，「知る楽しみ」という意味があるそうです。この「study」にこそ，本来の学ぶことの意味が込められていると思います。自分の知らないこと，知りたいことが理解できるようになるというのは，とても楽しいことだからです。

　いかがですか？　「勉強」を強いるのは人ではなく自分自身，それも「知る楽しみ」を味わうためにするものなのです。

提示 勉強＝自分で道を切り開くための方法の１つ

　今勉強が嫌いだという人は，自分から進んで学ぶ「study」をして，「知る楽しみ」を味わいながら，益川さんのように自分で道を切り開いていきましょう。本当の「勉強」の意味が，きっと分かってくるはずです。

【参考文献】益川敏英『15歳の寺子屋「フラフラ」のすすめ』講談社

第6章　子どもの「学習」にかかわるお話　　125

49

対 応 学 年
1・2年 3・4年 **5・6年**

先生によって授業態度を変える子がいたら…
「自分次第で授業は楽しめる」

先生によって授業態度を変える子の背景

　先生によって授業態度を変える子に出会うことがあります。こうした子の行動には，次の2つの背景があると考えます。1つ目は，「誰が前に立って授業をするか」に授業の楽しみの全てをかけている場合です。こうした子は，授業を楽しめるかどうかを他人に依存して判断します。2つ目は，その先生が授業に込めた願いや準備してきたこと，さらには授業の内容自体に関心が向いていない受け身な参加態度です。こうした子には，一つ一つの授業の価値を再確認する機会が必要です。

「ここ一番で効くお話」をする上で意識したいこと

　以上の背景を踏まえ，ここで私は次の2つを意識して「ここ一番で効くお話」をします。1つ目は，「誰が前に立っても，自分次第で授業は楽しめる」と伝えることです。「前に立つ先生は誰なのか」ばかり気にしているからこそ，「我以外皆我師」の言葉を切り口に，一緒に学ぶ仲間や自分自身も先生にして授業を楽しむことができると伝えます。2つ目は，「同じ授業は二度とない」と伝えることです。一度きりの授業ばかりがあることに気付くことで，その一度きりの授業に向けて，どの先生も入念に準備をされてきていることに感謝の気持ちが湧いてくるようにします。自分に合う先生だろうと，合わない先生だろうと，今だからこそできる学びに注目してほしいです。

126

ここ一番で効くお話

　最近，授業をしてくださる先生によって，楽しくないからと言って態度を変える子がいるそうです。確かに，先生によって授業のやり方は違います。自分に合わない先生のことが嫌になることもあるかもしれません。

板書 前に立っている人だけが先生ではない

　みなさんは，前に立っている人だけが先生だと思い込んでいませんか？ そんな人は，誰が授業をするかでその授業の楽しさが決まってしまいます。

提示 我以外皆我師／吉川英治（授業を表すイラストと同時に）

　この言葉を知っている人？　我は自分，皆は全て，師は先生という意味で，「自分以外は全て，自分に何かを教えてくれる先生である」という言葉です。例えば，あなたの周りに授業を思い切り楽しむ友達がいるのなら，その友達を先生にして，良いところを真似しながら授業を受けてみてください。自分も楽しくなってくるはずです。そう考えれば，どんなに自分に合わない先生が前に立っていても，周りにも先生がいるから安心ですよね。

　でも実は，自分自身も先生だと思うと，もっと授業を楽しめます。

板書 楽しい授業はない。楽しむ授業がある。

　なぜなら，授業は楽しいかどうかではなく，自分が楽しめるかどうかの時間だからです。あなた自身が先生になって，「この授業は将来の自分にどう役立つかな？」という気持ちで授業を受けてみようと自分に言い聞かせてみてください。授業中に出合う全ての景色が，いつもと違って見えてきますよ。

板書 同じ授業は二度とない。一度きりの授業ばかりがある。

　毎日みなさんが当たり前のように受けている授業ですが，同じ授業は二度とありません。一度きりの授業ばかりがあることを忘れないでください。その一度きりの授業のために，どんな先生もみなさんのために準備をしてきてくださっていることも忘れないでください。一度きりの授業を楽しめるかどうかは，誰が授業をするかではなく，あなたが楽しめるかにかかっています。

50

対応学年 1・2年 3・4年 5・6年

挙手をしたのに当ててくれないと文句を言う子がいたら…
「言えなくてもできること」

挙手をしたのに当ててくれないと文句を言う子の背景

　挙手をしたのに当ててくれないと文句を言う子に出会うことがあります。こうした子の行動には，次の２つの背景があると考えます。１つ目は，自己中心的理由で，自分だけ活躍したいと思っている様子です。目立ちたがり屋の子に多い傾向です。２つ目は，「言いたい」気持ちを抑えることができない状態です。こちらは自己中心的ではなく，自主的であり積極的な様子です。今回の語りでは，特に２つ目の背景に焦点を当ててお話を創ってみます。

「ここ一番で効くお話」をする上で意識したいこと

　以上の背景を踏まえ，ここで私は次の２つを意識して「ここ一番で効くお話」をします。１つ目は，授業は「自分と先生」といった二者関係だけで成り立つものではないと明確に示すことです。あなたが挙手をして行う発言は，先生だけが聞いているわけではない。むしろ挙手をしなくても，聞いてくれる仲間は先生以外にもたくさんいることに気付かせたいです。２つ目は，「言いたい」気持ちを叶える方法は，挙手以外にもあると例示することです。たとえ言わなくても，ノートやワークシートに書くことで叶えられるかもしれません。全体の場でなくても，ペアや班での活動の場で叶えられるかもしれません。それでも「言いたい」子には，「授業時間外であなたの話を聞くよ」と最後に助け舟を出すことで，安心感を与える語りとしたいです。

ここ一番で効くお話

　突然ですが，先生の名前を言える人は手を挙げてください。 挙手
　今たくさんの人が手を挙げていますね。全員が「言いたい」と手を挙げていますが，1人ずつ言ってもらうことはできません。なぜだと思いますか？みなさんが先生になったつもりで，理由を考えてみてください。 指名
　そうですね。授業で学習を進めていくには，どうしても手を挙げたのに発言できない人が出るのが当たり前です。でもだからと言って，先生は発言できなかった人たちの考えや意見を無視しているわけではありません。なぜなら，みなさんの「言いたい」気持ちに発言以外でも寄り添っていくからです。
板書 **言いたい　言えなかった　言えなくても**
　（指でさし示しながら）「言いたい」と思って手を挙げたのに，「言えなかった」ら，「言えなくても」次のことをしようと思ってみてください。
板書 **言えなくても→書いてみて**
　ノートやプリントの空いているところに書いてみてください。授業後に「書いておいたから読んでほしい」とお願いにきた人は特によく読みます。ノートやプリントに書いて発言することはいつでもできます。
板書 **言えなくても→書いてみて，話してみて**
　でも，「書く」と「言う」はやっぱり違うと思う人は，話してみてください。先生ではなく，あなたの周りの仲間たちに。みなさんの中には，先生に「言いたい」と思っている人もいるかもしれませんが，授業中の発言というのは，同じ授業を受ける仲間たちに自分の考えを言う場です。それは別に，ペアや同じ班の人との話し合いでもできるはずです。
板書 **言えなくても→書いてみて，話してみて，言いにきて**
　ここまで聞いても，それでも手を挙げたら絶対に当ててほしいという人は，授業が終わったらすぐ先生のところへ言いにきてください。必ず聞きます。その考えは黒板に書きますし，チャンスがあれば後で紹介しますね。でも本当は，自分なりに「言いたい」気持ちをコントロールできるとよいですね。

51

対応学年 1・2年 3・4年 5・6年

ペアやグループになるのが苦手な子がいたら…
「ぬいぐるみとお話」

ペアやグループになるのが苦手な子の背景

　ペアやグループになるのが苦手な子に出会うことがあります。こうした子の行動には，次の2つの背景があると考えます。1つ目は，自分に自信がない状態です。ペアやグループ活動の場での成功体験をあまり積んできていない子に多く見られます。2つ目は，相手の反応を怖がっている状態です。どんな反応をされるかばかり気になり，主語が相手に向きすぎています。そこで，まずは相手の反応を気にせず成功体験を積む場が必要です。

「ここ一番で効くお話」をする上で意識したいこと

　以上の背景を踏まえ，ここで私は次の2つを意識して「ここ一番で効くお話」をします。1つ目は，ぬいぐるみの活用です。ぬいぐるみを相手にすることで，反応を気にせずペアやグループ活動の練習をすることができます。相手の反応を怖がっている状態の子にとっては，スモールステップとなることでしょう。2つ目は，ぬいぐるみを成功体験の象徴として教室内に置いておくことです。たとえ小さな成功体験であったとしても，視覚化されることで子どもたちにとっては大きな自信となります。「これからもこの子（ぬいぐるみ）と一緒に君たちを応援しているよ」というメッセージを語りの後も送り続けます。こうしてぬいぐるみを，ペアやグループ活動に安心してチャレンジできる心のパートナーとして位置づけていきます。

130

ここ一番で効くお話

[板書] ペア　グループ

　授業でペアやグループになって活動することが正直苦手な人は手を挙げてください。[挙手]　いますよね。例えばどんな理由でペアやグループ活動を苦手と感じてしまうのでしょうか。思い付く人は教えてください。[指名]
　なるほどね。先生は，大きく次の２つの理由があると思います。

[板書] ①自分に自信がない

　１つ目は，自分に自信がない。上手く話せるか分からない。何を話したらよいのか分からない。そんな分からないことだらけで自信がなくなっていくと，ペアやグループ活動でも勇気を出せず，苦手になっていきます。

[板書] ②相手の反応がこわい

　２つ目は，相手の反応が怖い。自分が話す時にちゃんと聞いてくれるだろうか。話したことにどんな反応が返ってくるのか。そんな心配事だらけで，想像すると怖くなってきて勇気を出せず，苦手になっていきます。
　では今から，みんなでこの２つの理由に向き合いながら，反応を心配しなくてもいいこの子と３秒だけペアになってもらいます。[提示] ぬいぐるみ
　今から先生が回っていきますから，１人ずつ，何かこの子に一言ずつ話をしてみてください。どうしても何を話したらよいのか分からない人は，頭をよしよしするだけでも大丈夫！

[演出] ぬいぐるみを持って全員の席を回る

　みなさん，この子と上手にペア活動ができましたね。やっている間のみなさんの表情を見ると，前よりも自信をもって参加している様子が伝わってきましたよ。それは相手がぬいぐるみでなくても，きっとできるはずです。

[演出] ぬいぐるみを教室内の見やすい場所に置く

　これからも相手の反応を気にしすぎずに参加してみてください。ここにいる全員とペア活動ができたこの子と一緒に，応援していますよ。どんな相手ともペアやグループ活動を楽しめる人になれるといいですね。

	対 応 学 年

52

1・2年 **3・4年** 5・6年

挙手や発言ができない子がいたら…
「全員発言はしなくてもいい」

挙手や発言ができない子の背景

　挙手や発言ができない子に出会うことがあります。こうした子の行動には，次の2つの背景があると考えます。1つ目は，全体の場で自分1人だけ注目されることに強い苦手意識をもっている状態です。発言するのが怖く，挙手する勇気が出ないのです。2つ目は，挙手や発言だけが授業の参加方法だと考え，自分には無理だと授業の参加に投げやりになっている状態です。授業参観時によく見られますが，たくさん挙手や発言することだけが自分の活躍の全てだと思っている子がいます。そこで，挙手や発言以外の参加方法や活躍の場について考える機会が必要です。

「ここ一番で効くお話」をする上で意識したいこと

　以上の背景を踏まえ，ここで私は次の2つを意識して「ここ一番で効くお話」をします。1つ目は，全員発言ではなく，全員参加を重視して語ることです。挙手や発言に苦手意識をもっている子に「あとは，あなただけ」とプレッシャーを与える構図にならないように，「あなたなりの参加方法で，クラスのみんなで全員参加を目指そう」と呼びかけます。2つ目は，参加方法に優劣をつけないことです。挙手や発言だけでなく，友達の発言を真剣に聞いたり，そこから自分で考えたことをノートに書いたりすることも立派な参加方法であると価値づけます。どの授業においても，それぞれの子が自分のできる精一杯の参加方法を見つけ，全員がやり切ることを重視します。

ここ一番で効くお話

［板書］ 全員発言

　授業で全員が手を挙げて，全員が発言するのはとても活気があって良いことのように思いますよね。でも実際は，全員発言を達成するのはなかなか難しいものです。この中にも，挙手や発言する勇気が出ない人がいるのではないでしょうか。特に，残りあと1人で全員発言になるところで，あなた1人だけが発言していないとなると，みんなの視線が気になって余計に発言するのが怖くなりますよね。だから先生は，無理に目指さなくていいと思います。

［板書］ 全員○○

　全員発言はしなくても大丈夫。でも，これだけは絶対に授業で全員にしてほしいと思うことがあります。○の中には何が入るでしょう？ ［指名］

［板書］ 全員参加

　それは，全員が授業に参加することです。「参加する」とは，授業中ずっとただ席に座っているという意味ではなく，自分のできる精一杯をやっているという意味です。

［提示］ 自分なら□□□をせいいっぱいやる

　この□□□の中には，挙手や発言を入れる人がいてもいいでしょう。でも，それだけではありません。挙手や発言が苦手な人は，友達の発言を真剣に聞くことを精一杯やってもいいし，そこから自分で考えたことをノートに書くことを精一杯やってもいいのです。大事なのは，この授業で自分が精一杯やれそうなことを自分で見つけることなのですから。

［板書］ 全員参加＝全員が自分のできるせいいっぱいをやり切る

　今からの授業も，自分が精一杯やれそうなことを自分で見つけて，それぞれがやり切ればいいのです。みんなで全員参加の授業を目指したいですね。
　あなたたちは今から，この授業で何を精一杯やり切りたいですか？ ［指名］
　それぞれのできる精一杯を応援し合いながら，授業を進めていきましょう。

第6章　子どもの「学習」にかかわるお話

53

対 応 学 年

1・2年 **3・4年** 5・6年

授業の事前準備ができない子がいたら…
「一緒にお出かけしよう」

授業の事前準備ができない子の背景

　授業の事前準備ができない子に出会うことがあります。こうした子の行動には，次の2つの背景があると考えます。1つ目は，自分が困らないから別にやらなくてもいいと思っている状態です。こうした子には，「同じ授業を受けるみんなも困ることになる」という相手意識をもたせる必要があります。2つ目は，授業の事前準備がその子にとってはただの作業時間と捉えられてしまっている状態です。意欲が湧かず，本当はできるのにやらないのです。そこで，授業の事前準備そのものに意欲が湧くような価値づけが必要です。

「ここ一番で効くお話」をする上で意識したいこと

　以上の背景を踏まえ，ここで私は次の2つを意識して「ここ一番で効くお話」をします。1つ目は，授業の事前準備をしないと周りの人たちを困らせることをイメージできるような喩えを取り入れることです。この語りでは，みんなでお出かけをする時に荷物の準備をしていない人で喩えます。子どもたちにとってイメージしやすい喩えから，理解を深めたい内容へと迫れるようにします。2つ目は，授業の事前準備を「みんなで楽しく，新しい学びの場所へお出かけする準備の時間」であると価値づけることです。近くの席の子とお互いに確認するよう呼びかけることで，授業の事前準備をたった1人で行う作業時間ではなく，みんなで楽しむ活動時間へと転換します。

134

ここ一番で効くお話

提示 みんなで一緒に行きたいところ

　突然ですが，このクラスみんなで一緒にお出かけするなら，どこへ行きたいですか？ **指名**　なるほど。いろいろな場所が出てきましたね。では，もしみんなで海に行こうとなったら，何を持っていきますか？ **指名**　そうですね。水着やタオル，浮き輪など，いろいろなものを前もって準備しますよね。

提示 ゴロゴロしていて荷物の準備を何もしていない人のイラスト

　それなのに，一緒に行く友達にこんな人がいたらどう思いますか？ **指名**

　一緒にお出かけする人の中に，準備もせずゴロゴロしている人がいたら嫌ですよね。このように，みんなと同じように準備ができない人は，自分が困るだけでなく，みんなを困らせる人になってしまいます。

提示 授業の事前準備がきちんとできている写真

　授業は，みんなで一緒に新しい学びの場所へお出かけする時間です。それなのに，前もって授業の準備をしていない人がいると，自分が困るだけではなく，一緒にお出かけしようとしていたクラスのみんなも困ります。

　ここにいるみんながこの写真のようにきちんと授業の準備ができていると，みんなで楽しく，新しい学びの場所へお出かけすることができます。

板書 みんなでいっしょにお出かけしよう

　さて，次の授業に向けて，○○や○○を準備しておいてください。

　自分だけでなく，ここにいるみんながお出かけの準備ができているかどうか，お互いに確認しましょう。

　みんなで一緒に，楽しくお出かけできるといいですね。

第6章　子どもの「学習」にかかわるお話

54

対応学年
1・2年 3・4年 5・6年

ペースがゆっくりの子がいたら…
「次のバス停までには間に合ってね」

ペースがゆっくりの子の背景

　ペースがゆっくりの子に出会うことがあります。こうした子の行動には，次の２つの背景があると考えます。１つ目は，決められた時間に間に合わない状態です。この場合，その子にとっての「決められた時間」が見通しをもてないくらい遠くに設定されていることが多いです。そこで，時間を細かく設定する必要があります。２つ目は，別のことが気になって目の前のことに集中できていない状態です。こうした子には，時間の見通しだけでなく「時間を守れないと後で困る」という見通しがもてるようにする必要もあります。

「ここ一番で効くお話」をする上で意識したいこと

　以上の背景を踏まえ，ここで私は次の２つを意識して「ここ一番で効くお話」をします。１つ目は，学校生活上の活動をバスに喩えることで，みんなで乗るバスに乗り遅れないようにしたいと思えるような語りをすることです。その際，「次のバス停で間に合えば大丈夫」とも伝えるようにします。こうすることで，心の安全基地が確保された上で，「決められた時間」を細かく設定できるようにします。２つ目は，そもそもみんなと違うことをしていると，バスに乗ることができないと伝えることです。バスが来るのをみんなで待って並んでいるイラストを提示しながら，「目の前のやるべきことに集中しないと時間が守れず，後で自分が困る」という見通しをもたせます。

136

ここ一番で効くお話

提示 バスに子どもたちが乗っている様子のイラスト

何をしていますか？ 指名 うん，みんなでバスに乗っていますね。学校生活は，いろいろなバスに乗る連続です。それは授業のバスかもしれませんし，行事のバスかもしれません。

そんな時，次の2つのことをしている人は，バスに乗り遅れてしまいます。

板書 ①決められた時間にまにあわない人

1人目は，決められた時間に間に合わない人です。周りの人たちよりもあまりにもゆっくりのペースだと，時間に間に合わずバスが出発してしまいます。授業でも，行事でも，時間を守って行動できる人になりましょう。

板書 ②みんなとちがうことをしている人

2人目は，みんなと違うことをしている人です。バスが出発する前はどこで並んでいますか？ 指名 そうですね。いつもバス停の前で1列に並んで待ちますよね。でも，ペースがゆっくりの人は，目の前のやるべきことに集中できません。みんなと違うことをしている間に，バスに乗るのを忘れてしまうのです。みんなは何をしているのかを，確認するようにしましょう。

提示 バスに子どもたちが乗り込む様子のイラスト

それでも，自分は他の人と比べてゆっくりのペースだという人は大丈夫。次のバス停で乗ればよいのですから。大事なのは，みんなと一緒に自分もバスに乗ろうと努力することです。

その努力が伝われば，みんなもあなたのことを待っていてくれるはずです。自分勝手なマイペースではなく，みんなが乗るバスのペースで！

第6章 子どもの「学習」にかかわるお話

	対 応 学 年		
55	**1・2**年	**3・4**年	**5・6**年

自習に集中できない子がいたら…
「学生ですから」

自習に集中できない子の背景

　自習に集中できない子に出会うことがあります。こうした子の行動には，次の2つの背景があると考えます。1つ目は，自習が自分の将来につながる価値ある時間であると意識できていない状態です。授業と比べると，パッとしないつまらない時間のように感じている子もいます。2つ目は，自習の具体的なやり方が身に付いていない状態です。今回の語りでは，自習を価値ある時間であると示し，語りの後に自習の具体的なやり方について丁寧に確認するようにします。まずは自習の時間と向き合うマインドセットをします。

「ここ一番で効くお話」をする上で意識したいこと

　以上の背景を踏まえ，ここで私は次の2つを意識して「ここ一番で効くお話」をします。1つ目は，「学生＝学んで生きる」をキーワードに，将来夢をつかむために，自習は価値ある時間であると示すことです。「自習の時間＝自分で学んで生きる時間」という考え方が，自習への意欲を高めます。2つ目は，大人もあなたたちと同じ「学生」であると伝えることです。特に語りを行う先生自身も「学生」であり，実際に先生になる夢をつかんだことをエピソードとして例示することで，将来の夢につながることを想像しやすくします。この語りの後，自習のやり方が身に付いてきた子には，「自分で学んで生きられるようになってきたね」と認める声かけをしていきます。

138

ここ一番で効くお話

|板書| 子ども
　みなさんのことをこう呼ぶ人もいますが…

|板書| ○学生
　こうやって呼ぶ人もいますよね。何と呼ばれていますか？ |指名|
　そう。小学生と呼ばれていますよね。

|板書| 学生＝学んで生きる
　「学生」は，「学んで生きる」と書きます。小学校は，学んで生きる小学生が通う場所です。でも，学んで生きるのは，小学生だけではありません。中学生も，「学生」という言葉が入っていますね。

|板書| 先生も学生
　実は，先生も学生なのです。大人も「学んで生きる」毎日を送っています。
　みなさんと一緒に授業をしながら，先生もみなさんから学ばせてもらうことが多いのです。ここで大事なことは，自分で「学んで生きる」ことです。

|板書| 自分で学んで生きる時間＝自習
　自習の時間は，自分で学んで生きる時間です。何を使い，どのように，どんな順番で学んでいくのか，全て自分で考えて学ぶ練習をしています。小学生のうちに「学んで生きる」習慣が身に付くと，大人になってからも自分で「学んで生きる」ことにつながります。

|板書| 学生は□をつかむ
　「学んで生きる」大人は，いつもあるものをつかんでいます。何だと思いますか？ |指名|　ここには…

|板書| 学生は夢をつかむ　　|提示| 夢をつかむ様子のイラスト
　「夢」という漢字が入ります。夢をつかむ人はみんな，学生なのです。みなさんは小「学生」ですから，夢をつかむ練習がもう始まっています。
　さぁ，自分で学んで生きる自習の時間です。先生は先生になる夢をつかみました。みなさんも将来，自分の夢をつかむ大人の学生になってくださいね。

おわりに

　「語り」「お話」について深掘りして考えれば考えるほど，「何を話すか」よりも「誰が話すか」の方が重要であるのは自明の理であると言えます。

　「この先生の話なら真剣に聞きたい」と目の前の子どもたちが思っているのなら，極論何を話しても子どもの心に響く，とっておきの話になります。つまり，あなたが教室で目の前にしている子どもたちにとって，あなた自身が信頼できる先生であるのかどうかにかかっているのです。
　では，その信頼はどのようにして得ることができるのか。
　答えは簡単です。目の前の子どもたちの心に響く話の積み重ねの他にありません。特に本書で触れてきた「局面語り」（「ここ一番で効くお話」）のように，とっさの場面であっても子どもたちが欲している話を贈り届けられるかどうかは重要です。子どもたちはいつも，「目の前の先生は私たちを見ていてくれるのだろうか」と気にしています。そんな子どもたちの様子を踏まえ，心に響く話ができる先生は「大丈夫。いつも見ているよ」というメッセージを送り，日頃から信頼を得ているのです。それが積み重なっていくことで，「この先生の話なら真剣に聞きたい」と思うようになります。

　本書で紹介してきた局面語りは，子どもたちにとっては学校生活上の１つの点，読者のみなさんにとっては学級経営上や生徒指導上の１つの点にしか見えないかもしれません。しかし，信頼を積み重ねる語りは継続して初めて実現するものです。だからこそ，それぞれの話は点ではなく線でつないで語られる必要があります。「あの話とつなげて，今日は先生がこんな話をしてくれた」「僕たちの姿を見て，先生がこの前の話につながるねと言ってくれた」という言葉が，目の前の子どもたちから自然とつぶやかれるほどに。

「最近は，先生の話を聞かない子が増えている」

　そんな悩みをもつ先生方も多いことでしょう。確かに，全体の場では集中して話が聞けない，個別支援の必要な子もいます。ですがその裏では，目の前の子どもたちにとって聞きたくなるような話を先生であるあなた自身ができているのかが，いつも問われ続けているのです。

　「せっかくいい話をしているのに，子どもたちが聞いてくれない」

　これは教師の傲慢です。いい話だと思っているのは，あなた１人だけかもしれません。その価値を子どもに押し付けてはいけません。いつも目の前の子どもたちの様子を基点に語るのです。教師にとっても，子どもたちにとっても，「とっておきの話」を一緒に積み重ねていきましょう。その中で，教師と子どもたちがお互いに信頼できる温かい雰囲気が教室の中で生まれていくはずです。まずはあなたが次のように考えてみてください。

　「この子たちのことを信じて，泥臭く語り続けよう」と。

　目の前の子どもたちからの信頼を積み重ねる継続的な語りは，事前に準備された話だけでは十分とは言えません。語りのアドリブ力を鍛えながら，泥臭く語り続けてみてください。“泥臭く”と表現しましたが，その過程は決して泥でも臭くもないと私は思います。目の前の子どもたちから確かな信頼を積み重ねる語りをコツコツと継続できる姿こそ，教室内で体現される“美しい”教師の在り方と言えるのではないでしょうか。

　そんな積み重ねをされている仲間たちとの新たなご縁を待ち望みながら，あとがきとさせていただきます。

　　　　　　　　　　　　　　　　　　著者　小木曽　弘尚（くろぺん）

【著者紹介】

小木曽　弘尚（おぎそ　ひろなお）

1990年愛知県生まれ。公立小学校教諭。教職10年目。勤務校では今年度，初めての学年主任かつ低学年の担任をしながら，特別活動主任やICT主任として務めている。子どもに語る説話づくりの実践を続け，創った説話原稿【＃とっておきの話】をX（旧Twitter）上に約600話分を公開中。「くろぺん先生」として，学級経営の考え方や実践などを発信している。教育サークル『TotteoKi』代表。日本学級経営学会所属。
著書に『こどもの心に響く　とっておきの話100』（東洋館出版社），『子どもと創るアレンジじゃんけん！　とっておきの学級あそび』（東洋館出版社），『高学年担任の子どもの心をつかむとっておきの語り』（学陽書房）がある。

〔本文イラスト〕木村美穂

＊本書で紹介している外部へのリンクは刊行当時のものです。

くろぺん先生とっておきの局面語り
叱るよりここ一番で効くお話

2025年3月初版第1刷刊	ⓒ著　者	小木曽　　弘　尚
2025年5月初版第2刷刊	発行者	藤　原　光　政
	発行所	明治図書出版株式会社
		http://www.meijitosho.co.jp
		（企画）佐藤智恵（校正）武藤亜子
		〒114-0023　東京都北区滝野川7-46-1
		振替00160-5-151318　電話03(5907)6703
		ご注文窓口　電話03(5907)6668
＊検印省略	組版所	日本ハイコム株式会社

本書の無断コピーは，著作権・出版権にふれます。ご注意ください。

Printed in Japan　　　　　ISBN978-4-18-243925-4
もれなくクーポンがもらえる！読者アンケートはこちらから

教室の罠をとりのぞけ！
どの子もつまずかせない
ユニバーサルデザイン

上條 大志 著

そろわなくても、ちゃんとしなくても、子どもは育つ
漢字の止め・はね・はらいができなければ×！かけ算九九は素早く唱えられれば計算できるようになる！…それは真実か？「ねばならない」と些末なことにとらわれてはいないか？子どもの学び方の個性を無視してはいないか？教師が子どもをつまずかせてはならない。

A5判／144ページ／2,090円（10%税込）／図書番号 1399

子どものやる気に火をつけ、可能性を伸ばせ！
自ら学びを
コントロールする力を育む
自己調整学習

友田 真 著

子どもの「やる気」に伴走し、「学び」を支える指導
子ども自身が学びの舵取りを行い、その中で達成感や充実感を感じ、その後の学びへの「やる気」につながるように、教師は出すぎず、伴走していくのがよい。そのための「自己調整学習」を先行研究や理論を押さえたうえで取り組んだ具体的な実践を紹介した。

四六判／176ページ／1,980円（10%税込）／図書番号 4083

明治図書　携帯・スマートフォンからは　明治図書 ONLINEへ　書籍の検索、注文ができます。▶▶▶

http://www.meijitosho.co.jp　＊併記4桁の図書番号（英数字）で、HP、携帯での検索・注文が簡単に行えます。

〒114-0023　東京都北区滝野川7-46-1　ご注文窓口　TEL 03-5907-6668　FAX 050-3156-2790